经济管理学术文库 · 管理类

高管联结的经济后果研究：基于形成机理视角

Research on the Economic Consequence of the Management Connection: Base on the Formation Mechanism

张 娟／著

经济管理出版社
ECONOMY & MANAGEMENT PUBLISHING HOUSE

图书在版编目（CIP）数据

高管联结的经济后果研究：基于形成机理视角/张娟著. —北京：经济管理出版社，2018.8
ISBN 978-7-5096-5899-4

Ⅰ. ①高… Ⅱ. ①张… Ⅲ. ①公司—管理人员—影响—企业经营管理—研究
Ⅳ. ①F272.92 ②F276.6

中国版本图书馆 CIP 数据核字（2018）第 161349 号

组稿编辑：杨国强
责任编辑：杨国强　张瑞军
责任印制：高　娅
责任校对：张晓燕

出版发行：经济管理出版社
（北京市海淀区北蜂窝 8 号中雅大厦 A 座 11 层　100038）
网　　址：www. E-mp. com. cn
电　　话：(010) 51915602
印　　刷：三河市延风印装有限公司
经　　销：新华书店
开　　本：720mm×1000mm/16
印　　张：13.25
字　　数：201 千字
版　　次：2018 年 9 月第 1 版　2018 年 9 月第 1 次印刷
书　　号：ISBN 978-7-5096-5899-4
定　　价：68.00 元

前　言

近年来，随着社会网络与经济发展之间互相影响的程度逐渐深化，高管联结现象已经普遍存在于上市公司中。高管联结作为社会网络中的一种，其中所镶嵌的社会资本与各项信息资源对公司经营以及公司治理产生了重要的影响。关注社会网络关系对公司经营以及公司治理机制等各项公司行为的影响的研究是非常有必要的。而已有的少量关于连锁董事、董事网络以及高管联结的研究，主要关注高管联结现象的直接经济后果，例如连锁董事、董事网络以及高管联结关系对公司并购绩效的影响、对公司信息披露质量的影响等。本书以高管联结的形成机理为研究切入点，在对高管联结的形成机理进行分析的基础上，结合社会网络理论中的镶嵌理论、社会资本理论以及声誉激励理论等，实证研究了高管联结形成机理即具有共同个人属性特征的高管所形成的联结关系是如何对公司业绩、盈余管理以及资本成本产生影响的。

本书分为三部分共七章，其中第一部分为本书的基础，包括第 1 章的绪论与第 2 章的理论基础和文献综述，主要介绍了本书的研究背景与研究意义，阐述了本书相关的理论基础与国内外相关文献的梳理与述评；第二部分为本书的实证研究部分，包括第 3 章的高管联结变量设计、样本选择和描述性统计，第 4 章的高管联结对公司业绩影响的实证研究，第 5 章的高管联结对盈余管理影响的实证研究及第 6 章的高管联结对资本成本影响的实证研究，以上四章内容为本书的重点与难点，主要是对本书的主要研究问题进行实证研究，提供了高管联结关系对公司经营与公司治理相关的实证研究的证据；第三部分为研究结论（第 7 章）。

本书将公司的高管通过在其他公司兼任高管职位所建立的网络关系定义

为高管联结，其中高管不仅包括董事会成员，还包括负责公司日常经营决策的高管（总经理、副总经理、董事长、副董事长、CEO 等），负责财务工作的高管（财务总监、总会计师、总经济师等）以及监事会成员等公司高管。本书对已建立的高管联结关系的形成机理进行分析，并按照具有共同个人属性特征（“职务”）的高管，将其形成的联结关系分为“经营圈”高管联结、“财务圈”高管联结以及“治理圈”高管联结。本书使用 2002~2014 年上市公司数据，手工筛选高管的姓名以及简历等信息，识别其中重名重姓的情况并删除，最后整理得到真实的高管联结数据。在此基础上，本书使用实证研究的方法检验了高管联结、不同“圈子”高管联结关系、高管联结的数量与公司业绩、盈余管理以及资本成本之间的关系。基本结论如下：

首先，在公司经营方面，以公司业绩为主要的研究对象，研究了高管联结对公司业绩的影响，并且对不同“圈子”高管联结对公司业绩的影响也作了研究。此外，还进一步地对高管联结的数量对公司业绩的影响进行了分析。结果发现：公司间的高管联结关系提高了公司业绩的水平，不同“圈子”的高管联结对公司业绩的影响程度也不同。另外，本章发现公司间高管联结的数量越多，公司业绩水平越高，但对于不同“圈子”高管联结而言，高管联结数量越多，公司业绩水平越低。

其次，在公司治理方面，以盈余管理为主要的研究对象，研究了高管联结对盈余管理的影响，并且对高管联结不同形成机理对盈余管理的影响也作了研究。同时，进一步对高管联结的数量对盈余管理的影响进行了分析。结果发现：上市公司通过操纵应计项目进行盈余管理逐步降低，而通过真实的经营活动进行盈余管理的行为逐步增加。上市公司高管联结可以抑制通过应计项目以及真实的经营活动进行盈余管理的行为；不同“圈子”高管联结对应计项目盈余管理与真实经营活动的盈余管理的影响不同。另外，本书实证研究的证据表明，高管联结的数量越多，抑制盈余管理水平的效率越高，但对于不同“圈子”高管联结而言，高管联结数量越多，抑制盈余管理效率越低。

最后，在公司的资本成本方面，以公司的权益资本成本作为主要研究对象，研究了高管联结对权益资本成本的影响，并且对高管联结不同形成机理对权益资本成本的影响也作了研究。此外，进一步对高管联结的数量对权益资本成本的影响进行了分析。结果发现，上市公司高管联结可以显著降低公司的权益资本成本；不同“圈子”的高管联结对权益资本成本的影响不同。另外，本章发现高管联结的数量越多，权益资本成本降低的程度越大，但对于不同“圈子”的高管联结而言，高管联结数量越多，权益资本成本越高。

综合本书的实证研究结果看，公司间的高管联结关系有效地提高了公司的经营业绩水平，降低了盈余管理的影响程度，同时也降低了公司的权益资本成本；高管联结关系形成机理不同，高管联结对公司的影响也不同，“经营圈”高管联结对公司经营业绩的提升、抑制盈余管理行为（DA&RM）、降低权益资本成本都有显著的作用；“财务圈”高管联结在提高公司业绩水平与抑制通过真实的经营活动进行盈余管理方面有突出的表现；“治理圈”高管联结则在提高公司业绩水平、抑制真实的经营活动进行盈余管理以及降低权益资本成本方面有显著的作用；证实了不同“圈子”的高管所形成的联结关系对公司的经营与治理影响不同。本书的研究为未来公司经营与治理领域中关于经营效率以及治理效率等问题的研究提供了新的研究视角，可以从高管个人的社会网络属性特征展开研究。在实践方面，本书的研究有助于厘清已经成为普遍现象的高管联结关系对公司经营以及治理效率的影响。

本书的创新点：

(1) 研究对象方面，本书的研究对象为上市公司的高管，包括公司的经营管理层（总经理、副总经理等）、财务管理层（财务总监以及总会计师等）与治理管理层（董事会、监事会成员），与以往关于董事网络的相关研究相比，研究范围较大。

(2) 研究视角方面，本书以高管联结关系的形成机理作为研究的切入点，检验具有相同个人属性特征的高管所形成的高管联结关系对公司经营与治理的影响。

(3) 研究内容方面，将公司的高管按照共同的个人属性特征——职务分为三大类——“经营圈”高管、“财务圈”高管以及“治理圈”高管，进而将高管联结关系也为三类——“经营圈”高管联结、“财务圈”高管联结和“治理圈”高管联结。基于对形成机理的分析，本书检验了三类高管联结关系如何对公司经营与公司治理行为产生影响以及是否存在差异。此外，本书将三类高管联结关系与高管联结的数量结合起来，从更深层次探究高管联结对公司经营与公司治理行为的影响。

目　录

第1章　绪　论

1.1　选题背景与研究意义

1.1.1　选题背景

近年来，微信、QQ、Facebook 等即时通信工具的广泛使用表明社会网络得到了迅速的发展。人与人之间的沟通交流发生了巨大的变化——越来越方便、快捷和高效。高效的社会网络沟通与交流不仅对个人的生活与工作产生了影响，而且对经济社会的发展也有巨大的影响。例如，公司高管作为社会网络中的一员，其所做出的公司经营与治理决策必然会受到社会网络的影响。因此，在学术研究方面，传统的公司经营以及公司治理等领域的研究也逐渐开始关注社会网络对传统研究主题的影响（Fracassi et al.，2012；Cai et al.，2012；Larcker et al.，2013）。

现代公司所有权与经营权分离，导致股东与公司管理层之间对公司具体情况的信息不对称，从而产生了两者之间的委托—代理问题，这也是许多公司财务与治理问题存在的根源；公司治理中的各项机制主要是缓解由于两权分离所产生的上述代理问题。由于委托—代理问题的存在，股东需要借助公司治理的各项机制通过监督以及激励两种方式，使得公司管理层的目标函数尽可能地与股东的目标函数一致——使公司利益最大化。公司在治理的一系列治理机制中，主要实行的主体为董事会和监事会（以下统称为“治理层”，与公司的管理层相对应），公司的经营主要是由管理层完成，因此公司业绩的好坏、治理效率的高低以及股东利益能否得到最大程度的实现主要取决于管理层与治理层的每一项经济决策。然而，以往的关于管理层的公司经营效率与治理层的公司治理效率的研究，主要是以管理层与治理层的个人属性特征为主，例如，公司董事会的治理效率的代理变量主要是由董事会规模、会议次数、独立董事的比例以及专业背景等。此外，管理层的经营效率主要由管理层的学历、职业背景等作为代理变量。以往的研究并没有真正地观测到管理层与治理层的决策行为，更多的是以个人属性特征为出发点，观察其对经营与治理的影响，从相对间接的角度分析个人属性特征对经营与治理决策的影响。通过以上的分析我们发现，以往的研究比较关注的是公司高管的个人属性特征对其决策的影响，忽略了高管是社会网络中的一员，所以其各项决策必然会受到社会网络中各种信息资源以及其他成员的影响。因此，考虑到上述因素后，为了更加深入地研究公司管理层与治理层的决策行为的影响因素，找到新的研究视角显得尤为必要。本书将社会网络作为研究视角，使用理论分析与实证研究的方法检验了公司高管在社会网络中如何做出各项经营与治理决策。

公司高管的决策行为必然会受到其所处的社会网络的影响。社会学以及其他相关学科的学者们（例如罗家德等）认为，新古典经济学的研究中存在两点不足之处：其一在于人做任何决定时，不仅受到个人内在的影响，必然也会受到了其个体所处的社会网络关系的影响，同时还受到社会价值的约束。其二在于任何人所做的决策并不是在片刻之间，不仅需要考虑当时所处形式、个人需要、已知信息。此外，个人在做决策期间往往会与社会网络中的其他成员进行互动与交流，同时不断地修正自己对目前各种形式的观察，不断地收集与决策相关的情报，从而影响自身决策。基于以上分析，公司高管的决策不是其个人行为，必然受到社会网络中的信息资源与其他成员的影响。本书选取特定的社会网络，即公司高管之间通过在其他公司中兼任职位而形成的公司间联结网络，通过高管联结网络研究管理层与治理层的行为，并通过对高管联结网络的不同的形成机理进行分析后，对公司经营与公司治理进行实证检验，得到相关的实证研究证据。

1.1.2 研究意义

日前，国内外关于高管社会网络联结关系的相关研究并不多见，已有的国内外关于社会网络与公司经营及治理的研究基本上集中于对董事等高管社会网络关系的经济后果的研究，如社会网络关系对公司治理以及公司经营业绩的影响等。本书以高管通过兼任职位所形成的联结网络关系的形成机理为研究视角对高管社会网络联结关系进行深层次的研究分析，为国内外社会网络研究的相关领域以及公司经营与治理的研究提供理论基础和研究证据。

首先，本书以高管社会网络联结关系的形成机理为研究切入点，对已有的社会网络联结关系进行深层次的分析与研究，探究其内在的属性特征，从本质上研究高管联结网络关系对公司治理以及公司经营业绩的影响途径与路线。本书为未来公司经营与治理领域中关于经营效率以及治理效率等问题的研究提供了新的视角，不仅可以从某些表面属性特征研究，也可以从社会网络属性特征展开研究。

其次，通过对研究数据的分析，我们发现，由高管通过兼任职位形成的高管联结已经成为普遍现象，因此厘清高管联结内在形成机理的影响对管理层的经营效率、董事会以及监事会等治理机制的有效发挥具有非常重要的作用。此外，通过对高管联结形成机理对公司经营以及治理的影响进行分析，有助于上市公司最大化高管联结的有利作用，提高公司价值。

最后，本书的研究主要是从高管联结的形成机理视角展开了对某些具有共同个人属性特征的高管所建立的联结关系是否对公司的经营与治理产生不同的影响。本书可以在一定程度上对证监会等相关监管机构关于现有的上市公司高管任职的限制条件提供一些实证研究的证据，可以作为未来相关政策制定的依据。例如，可以在一定程度上鼓励具有某些共同个人属性特征的高管人员在上市公司中通过兼任职务建立联结关系，有利于我国资本市场的稳定，同时可以提高上市公司的经营与治理效率。

1.2 研究目标、思路与方法

1.2.1 研究目标

本书以上市公司高管联结网络关系为研究对象，以该网络联结关系的形成机理为研究视角，运用理论与实证分析的方法深入探究了高管联结关系对上市公司的公司经营与治理方面的影响。

首先，本书定义高管联结关系为“公司的董事、监事以及公司的管理层（CEO、总经理、副总经理、财务总监等）通过在其他上市公司兼任职位而形成的联结关系”。然后通过对该联结关系的形成机理以及关系特征进行深入研究分析，将公司的高管按照职位来源不同分为“经营圈”“财务圈”与“治理圈”高管，分析了高管联结不同的形成机理以及联结特性。

其次，本书用社会网络分析方法构建了中国A股上市公司的高管联结的网络图谱，发现高管联结关系普遍存在于中国上市公司中。在此基础上，分析高管联结的形成机理与特征属性。

最后，结合高管联结网络的具体形成机理以及不同的网络特性，对高管联结与公司经营以及公司治理行为进行实证检验。本书将高管联结网络按照不同的形成机理具体分为“经营圈”高管联结、“财务圈”高管联结以及“治理圈”高管联结。此外，本书选取了公司业绩、盈余管理以及资本成本作为公司经营效率与公司治理效率的检验指标，检验高管联结的不同形成机理对公司经营以及公司治理的具体影响渠道与路线。

综上所述，本书结合社会网络相关理论与研究，以上市公司高管在其他公司兼任职位而形成的联结网络为研究对象，深入探究高管联结的形成机理，从理论和实证两部分研究了高管联结对公司经营以及公司治理行为的作用机理。

1.2.2　研究思路

鉴于高管通过兼任职位所形成的网络联结关系在上市公司中是一种较为普遍的现象，因此从社会网络视角下研究高管联结非常有必要。

首先，本书借鉴社会网络的定义，对本书的高管联结关系进行了严格定义，并在此基础上结合声誉激励理论、社会网络理论、社会资本理论、委托—代理理论、信息不对称理论以及信号传递理论等，研究了高管联结整体对公司经营以及公司治理行为的影响（公司业绩、盈余管理以及资本成本）。

其次，对高管联结的形成机理进一步分析后，将高管联结按照高管的共同个人属性特征"职务"的不同分为三类——"经营圈""财务圈"以及"治理圈"高管联结，然后分别检验三类高管联结对公司业绩、盈余管理以及资本成本的影响有何异同。

再次，对高管联结数量的多少对公司经营与公司治理行为的影响，并将高管联结数量与不同"圈子"高管联结结合起来，以考察对公司业绩、盈余管理与资本成本的影响。

最后，经过实证检验后得到相关的结论，并在此基础上提出政策建议如图1–1所示。

1.2.3　研究方法

本书通过使用规范研究与实证研究结合的研究方法，全面地对高管联结以及其形成机理对公司经营与公司治理行为的影响展开分析与研究。

首先，通过阅读与梳理高管联结相关领域的国内外文献，通过对已有研究的分析和总结，对高管联结以及其形成机理的研究有了基本的思路，在此基础上，设计研究主题的研究路线与研究程序。

其次，对高管联结关系进行定义，并对其形成机理进行分析后将其按照高管的共同个人属性特征分为三大类（"经营圈""财务圈"与"治理圈"高管联结），在此基础上，通过描述性统计、单变量检验、多元回归分析等实证研究方法对高管联结以及其形成机理的影响进行检验。

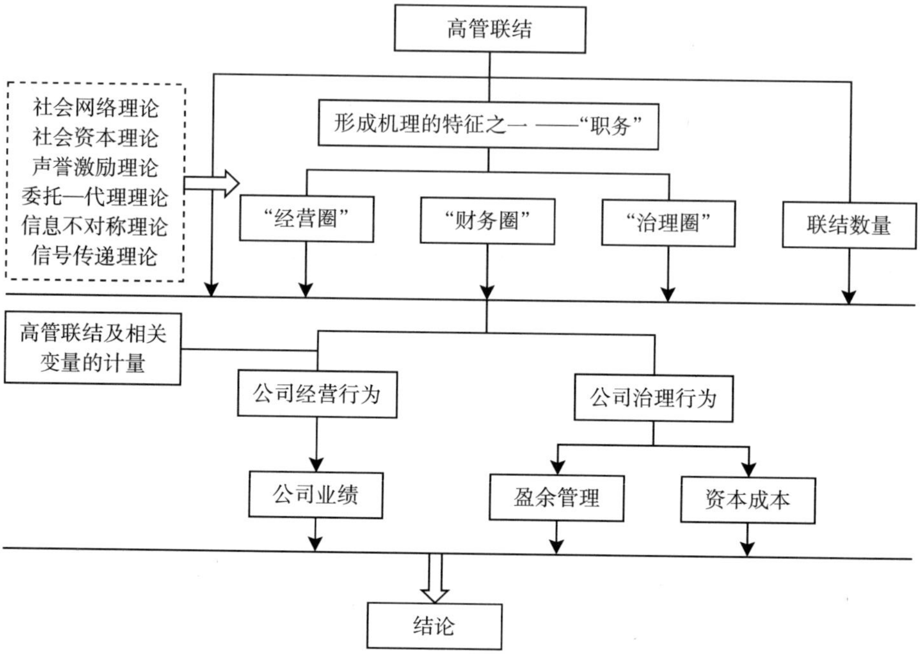

图 1-1　研究思路

最后，为了确保主要实证结果的稳健性，本书通过固定效应模型、滞后变量、变化值等实证研究方法对可能存在的内生性问题进行控制。

1.3　研究框架与主要内容

1.3.1　研究框架

研究框架如图 1-2 所示。

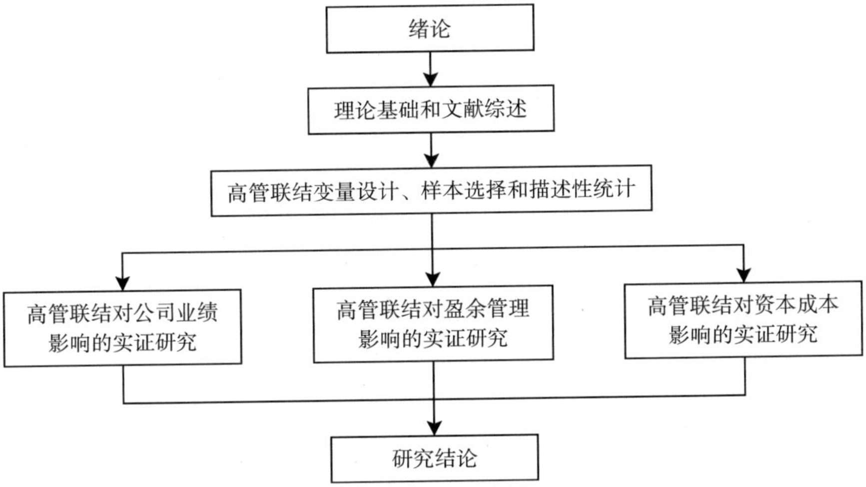

图 1-2　研究框架

1.3.2　主要内容

本书以上市公司高管的社会网络关系为研究视角，在严格定义高管联结关系后，对高管联结关系的形成机理深入研究，考察高管联结关系以及其形成机理的差异对公司经营、公司治理行为的影响渠道及路线。

第 1 章　绪论。本章提出本书的研究背景和研究意义；基于研究背景提出本书主要的研究问题、研究思路以及研究方法等。

第 2 章　理论基础和国内外文献综述。关于相关理论分析，本书以上市公司高管的社会网络关系为研究视角，因此需对相关的社会网络理论进行分析，包括社会网络理论、镶嵌理论、社会资本理论等。此外，由于本书研究的是高管联结的经济后果（包括公司经营与公司治理两个方面），因此会涉及一些公司经营与治理方面的基本理论，如信息不对称理论、委托—代理理论、信号传递理论、声誉激励理论等。

本章主要针对与本书相关的国内外文献进行梳理与总结，并基于目前已有的研究做出相关的文献述评。本书主要涉及以下几个领域的研究文献：公司业绩、盈余管理、资本成本、高管网络联结（包括董事网络、独立董事网络等）、高管对公司治理效果以及公司经营业绩的影响等。通过对以上相关成果的回顾与评价，为本书的主要研究内容——高管联结的经济后果研究的代理变量的选择与测度、确定实证模型及选择相关控制变量提供了理论依据。另外，对于已有相关文献的回顾与评价对本书可能的创新提供了重要资源。

第 3 章　高管联结的衡量、样本选择和描述性统计。本章将根据高管联结网络关系的形成机理，对高管联结进行进一步的分类分析，将高管联结按照高管的主要职务不同分为不同的“圈子”，例如“经营圈”“治理圈”“财务圈”等，并对这些不同的圈子确定衡量方法。同时，确定本书的样本选择，并对高管联结的不同的“圈子”进行描述性统计。

第 4 章　高管联结对公司业绩影响的实证研究。本章主要的研究内容是高管联结对公司经营业绩的影响，本章的研究结论可以为高管联结对公司经营中的作用提供实证研究的证据。本章通过计量模型统计分析，得到了基本的结论：上市公司高管联结与公司业绩呈显著的正相关关系，说明存在高管联结关系的公司，其业绩更好，对公司业绩的影响是正面的。通过进一步的研究发现，“经营圈”“财务圈”和“治理圈”的高管联结关系会对公司业绩产生显著的正面影响。这一实证结果进一步证明了高管联结关系的形成机理不同对公司经营业绩的内在影响也不同，为高管社会网络的研究提供了深层次研究的证据。此外，我们发现，高管联结关系的数量越多，公司的业绩水平越高，但“经营圈”“治理圈”以及“财务圈”的公司间高管联结数量越多，公司业绩水平越差。

第 5 章　高管联结对盈余管理影响的实证研究。本章主要的研究内容是高管联结对公司治理的影响，本章的结论能为高管联结对公司治理中的作用提供实证研究的证据。本章通过计量模型统计分析后，得到了基本的结论：上市公司高管联结关系与异常应计额呈显著的负相关关系，也即存在高管联结关系的公司，其盈余管理的水平越低。进一步的分析发现，该负相关关系在“经营圈”的高管联结中更加显著，在“财务圈”以及“治理圈”中并不显著。上市公司高管联结关系与真实的盈余管理行为之间呈显著负相关关系，意味着存在高管联结关系的公司，其通过真实的经济活动进行盈余管理的行为较低。通过进一步的研究发现，该负相关关系在“经营圈”“财务圈”

与“治理圈”高管联结中都显著。这一结果表明，高管联结关系形成机理的差异对公司治理的内在影响渠道也不同。此外，本书对公司间高管联结的数量对盈余管理的影响进行了分析，发现高管联结的数量越多，抑制盈余管理的效率越高。但“经营圈”“治理圈”以及“财务圈”的公司间高管联结数量越多，抑制公司盈余管理的效率越低。

第6章 高管联结对资本成本影响的实证研究。本章主要的研究内容是高管联结对公司资本成本中权益资本成本的影响，本章的研究结论可以为高管联结对权益资本成本的影响提供实证研究的证据。本章通过计量模型统计分析后，得到了基本的结论：上市公司高管联结与权益资本成本呈显著负相关关系，意味着高管联结关系可以显著降低公司的权益资本成本；通过进一步的分析发现，“经营圈”与“治理圈”高管联结对权益资本成本的降低作用更加显著，而“财务圈”高管联结对权益资本成本的影响则并不明显。以上结果表明，高管联结能有效降低权益资本成本，并且高管联结形成机理的差异对权益资本成本的影响效果也不尽相同。此外，本书分析了公司间高管联结的数量对公司权益资本成本的影响，发现高管联结的数量越多，权益资本成本降低的程度越大。对不同“圈子”的高管联结数量与权益资本成本的研究，发现在“经营圈”“财务圈”与“治理圈”高管联结中，联结关系的数量对权益资本成本的影响并不显著。

第7章 研究结论。对本书的研究做出结论并提出相应的对策建议。同时指出本书的不足之处与未来研究的展望。

1.4 主要研究概念

1.4.1 高管联结

Mizruchi（1996）在文章中提出，当公司董事在另一家公司的董事会中持有董事职位时就形成了连锁董事。由于国内外公司制度存在差异，因此国外学者对董事连锁的研究的主要对象就是公司的董事；我国的连锁董事并不单纯是由公司董事会的董事通过在其他公司董事会中任职而形成的董事网络，其他公司的高管，例如监事会成员、总经理、总裁、CEO等也会通过在其他公司中兼任高管职位（不局限于董事职位，包括其他管理层职位）建立联结关系。本书将上市公司高管的范围局限于董事会成员、监事会成员、公司的管理层（包括总经理、总裁、财务总监、总经济师、总会计师、副总经理、副总裁等公司管理层成员）。因此，本书将主要研究对象高管联结定义为公司的高管通过在其他公司中兼任管理层职位（如董事、监事、其他管理层职位等）而形成的联结关系网络。此外，本书通过对高管联结的形成机理的分析，将高管联结关系网络按照高管职务不同分为三类，即"经营圈"高管联结、"财务圈"高管联结与"治理圈"高管联结。

1.4.2 "经营圈"高管联结

本书将"经营圈"高管联结定义为由负责公司日常经营决策的高管通过在其他公司兼任职位所形成的联结关系，主要包括总经理、副总经理、总裁、副总裁、董事长、副董事长、CEO等。由"经营圈"高管通过在其他公司兼任职位所形成的联结关系称为"经营圈"高管联结。

1.4.3 "财务圈"高管联结

本书将"财务圈"高管联结定义为由负责公司日常财务决策及相关工作的高管通过在其他公司兼任职位所形成的联结关系，主要包括财务总监、总会计师、总经济师等。由"财务圈"高管通过在其他公司兼任职位所形成的联结关系称为"财务圈"高管联结。

1.4.4 "治理圈"高管联结

本书将"治理圈"高管联结定义为由负责公司治理及相关工作的高管通过在其他公司兼任职位所形成的联结关系，主要包括董事会成员、监事会成员。由“治理圈”高管通过在其他公司兼任职位所形成的联结关系称为“治理圈”高管联结。

1.5　研究创新点

首先，研究对象方面，本书的研究对象为上市公司的高管，包括公司的经营管理层（总经理、副总经理等）、财务管理层（财务总监以及总会计师等）与治理管理层（董事会、监事会成员），与以往关于董事网络的相关研究相比，研究范围较大。

其次，研究视角方面，本书从社会网络视角研究高管通过在其他上市公司兼任职位而形成的独特的社会网络关系，本书将其定义为高管联结。在此基础上，以高管联结关系的形成机理作为研究的切入点，检验具有相同个人属性特征的高管所形成的高管联结关系对公司经营与治理的影响。

最后，研究内容方面，对高管联结的形成机理进行分析，主要以高管的个人属性特征作为高管联结的形成机理分析的切入点，将公司的高管按照共同的个人属性特征——职务分为三大类——“经营圈”高管、“财务圈”高管以及“治理圈”高管，然后将高管联结关系也按照高管的职务类别不同分为三类——“经营圈”高管联结、“财务圈”高管联结和“治理圈”高管联结。基于对形成机理的分析，本书检验了三类高管联结关系如何对公司经营与公司治理行为产生影响以及是否存在差异。此外，本书将三类高管联结关系与高管联结的数量结合起来，从更深层次探究高管联结对公司经营与公司治理行为的影响。

第 2 章　理论基础和文献综述

2.1　理论基础

2.1.1　信息不对称理论

Akerlof（1970）提出了旧车市场中由于市场参与者对信息的掌握程度不同而导致信息不对称问题。信息获取较充分的市场参与者在交易过程中处于优势地位，通常可以用较低的成本完成交易，而信息获取较少的市场参与者处于劣势地位，通常需付出较高的成本完成交易。在资本市场中也存在类似的情况，现代公司经营权与所有权的分离，导致了所有者与经营者对公司内部经营信息的掌握程度不同，相对于所有者而言，公司的经营者对公司内部的经营等真实情况的了解更加直接与详细。因此，鉴于现代公司制度的特征，股东与管理者之间存在信息不对称的问题。信息不对称又可以按照时间不同分为事前信息不对称和事后信息不对称，事前信息不对称会导致逆向选择，而事后信息不对称则会导致道德风险。一般情况下，国内外学者对信息不对称的研究大多指上述两种情形。在资本市场中，信息不对称对市场参与者的影响非常大，由于信息不对称的存在，潜在的投资者对公司的信息了解不够充分，导致潜在的投资者向公司要求较高的风险回报率，致使公司的资本成本上升，并且在很大程度上影响了整个资本市场的资源配置效率（逆向选择)。另外，由于股东在与公司管理层确定委托—代理关系前并没有完全了解管理层的经营能力以及经营理念是否适合公司，因此在确定代理关系后很可能会出现道德风险的情况，例如盈余管理、在职消费、帝国建造等（道德风险）。此外，虽然我国目前的经理人市场并不成熟，但人力资本市场中的信息不对称情况也很常见，例如，在董事兼任其他公司董事会职务的市场中，由于信息不对称的存在，可能会出现逆向选择与道德风险的情况。Fama（1980）、Fama 和 Jensen（1983）在文章中指出，外部董事的兼职市场是董事积累监管专家声誉的重要来源和激励动机，并提出连锁董事通过兼任职位向市场传递一种他们的“专家”信号，从而有利于获得更多的董事职位。综上，信息不对称理论在资本市场、公司经营以及经理人市场（董事兼职市场）中都具有至关重要的作用。

2.1.2 信号传递理论

信号传递理论是用来解决公司经营中信息不对称带来的第一个问题——逆向选择的方法之一。信号传递理论一方面可以解释公司的自愿信息披露行为，另一方面也可以解释公司资本成本的高低。在资本市场中，由于潜在的投资者与公司内部管理层之间存在信息不对称的问题，投资者对市场中的所有公司都要求较高的投资回报率，不对业绩好的公司和业绩差的公司进行区分。此时，业绩较好的公司会通过自愿性的信息披露向投资者传递积极的信号，以期投资者降低对公司的投资回报率，从而降低公司的资本成本，增加公司的竞争力，提高公司价值。对整个资本市场而言，降低信息不对称的程度，将有利于提高整体资源配置，提高资金使用效率。

公司的高管通过在其他公司兼任职位而形成的网络联结关系一定程度上向外界传递两个方面的信号：一方面是公司之间通过共享董事（高管）可以向市场或投资者传递一种信息透明度较高的信号，例如，如果公司与财务信息质量较好的公司存在联结关系，那么投资者可能认为该公司的财务信息质量也比较好，投资风险较低；另一方面是高管个人通过在其他公司兼任职位向经理人市场传递其在某个专业领域专家身份的信号，有利于高管在未来获得更多的兼任职位的机会和更好的职业前景。

2.1.3　代理理论

在公司经营中，信息不对称产生的第二个问题是委托—代理问题。Berle 和 Means（1932）在其著作中首次提出了企业的所有权与经营权分离的理论，是代理理论的起源。随后西方学者开始着眼于从企业内部的经营与运作进行分析，发现信息不对称和理性经济人的追求差异是代理问题的主要原因（Wilson，1969；Spence and Zeckhauser，1971；Ross，1973，et al.）。Jensen 和 Meckling（1976）提出，由于控制权和所有权的分离以及信息不对称的存在，使得公司所有者与经营者之间产生了代理成本。在委托—代理关系中，委托方是公司的所有者也是资源提供者，其要求公司利益最大化以及资源的效率得到最大限度的使用；而受托方为公司的经营者也是资源的使用者，基于理性经济人理论，经营者在经营公司的同时还要达到个人的目标，例如豪华办公室、旅行等个人在职消费以及利用公司资源建造属于自己的商业关系网络等。此时，二者的目标函数出现差异，再加上由于公司特征导致的信息不对称，委托—代理问题随之而来。随着经济的发展，公司所有者将公司治理作为缓解委托—代理问题的机制引入到公司的组织结构中。其中，高管薪酬激励作为一项缓解委托—代理问题的治理机制在国内外得到了广泛的应用，但究其实际的治理效果，则不尽相同。此外，董事会、独立董事、监事会、审计委员会等公司治理机制的产生与发展的目的皆在于缓解委托—代理问题。

公司的高管通过在其他公司兼任职位而形成的网络联结关系，在一定程度上可以缓解委托—代理问题。高管联结从两个方面影响委托—代理问题：一是在主观动机上可以有效地统一股东与管理层的利益目标；二是在客观效果上可以有效地降低股东与管理层之间信息不对称的程度。首先，兼任职位的机会会为高管带来丰厚的经济收益，因此为了获得更多兼任职位的机会，公司的高管通过良好的经营业绩向外部市场传递其经营能力很强的信号，外部市场发现高管的个人经营能力很强，有利于其获得其他公司的邀请，同时有利于建立行业中专家的声誉。其次，公司高管通过兼任职位建立的联结关系网络，该网络为公司的信息交流以及沟通提供了有效的通道，因此，在一定程度上提高了公司的信息透明度，降低了投资者与高管之间信息不对称的程度。综上，从社会网络视角展开对公司经营与公司治理的研究是非常有意义的。

2.1.4 声誉假说理论

Fama 和 Jensen（1983）在他们的研究中提出，外部董事之所以可以公正地监督管理层做出正确的经营决策，原因在于外部董事受到了决策控制权市场的专家声誉的激励。外部董事所在公司的经营业绩与经营决策成为向外界传递其监督效率很好的信号之一。此外，获得的外部董事席位越多，意味着其在治理领域的专业能力更强，专家声誉更高。另外，当外部董事所在公司的经营决策出现问题或经营业绩惨淡时，向外界传递的信号则对外部董事不利，市场可能认为其监督不力或有可能与管理层合谋，对外部董事的专家声誉的损害非常大。Fama（1980）、Fama 和 Jensen（1983）在文章中指出，外部董事的兼职市场是董事积累监管专家声誉的重要来源和激励动机。此外，他们认为，董事如果在某一家公司中处理过某些业务并取得成功，将会向外部市场传递董事是某方面业务处理的专家的信号，有助于董事在未来获得其他公司董事会席位的机会。许多研究将外部董事持有的董事职位数量作为董事在外部劳动市场的声誉的代理变量（Shivdasani，1993；Vafeas，1999；Brown and Maloney，1999）。也有许多研究认为，获得“精英圈子”的认可以及进入相关领域的“精英网络”是连锁董事的主要目的之一，并指出“精英网络”建立后一直呈现很稳定的状态（Palmer et al.，1996；Davis et al.，2003）。因此，还没有在相关领域建立声誉的高管将会通过良好的经营业绩以及治理效率向外部市场传递其专家的信号，努力建立行业专家的声誉同时获得“精英网络”的认可。另外，Fama（1980）、Fama 和 Jensen（1983）在文章中提到，已经建立行业声誉的董事，当其在处理某些公司业务时出现失误，其机会成本很大，市场会对其已经建立的专家声誉大打折扣，严重影响其未来获得其他公司兼任职位的机会。以上研究表明，声誉假说理论一方面体现激励的机制，另一方面体现约束的机制。公司的高管通过良好的公司经营与公司治理效率获得在其他公司兼任职位建立行业专家的声誉，并逐渐积累相关的声誉，以期达到一定的社会地位，体现了声誉的激励机制。另外，当高管已经通过联结关系网络实现了专家声誉积累时，巨大的机会成本使声誉将会以约束机制作用于高管的经营与治理工作中。

2.1.5 社会网络理论——镶嵌理论

Granovetter（1985）在文章中讨论了社会关系是如何影响人的行为和制度，并提出了社会网络理论——“镶嵌理论”（Embeddedness）。镶嵌理论认为，以往的研究都陷入了“低度社会化”或“过度社会化”的怪圈。人是经济活动的主体，其在做出经济决策时不是孤立的，相反，人是处于社会网络关系中的，因此在做出决策时除了受到个人的属性特征的影响外，还会受到其所处社会网络中的其他成员以及镶嵌于网络中的信息资源的影响。Granovetter 认为，社会关系、关系强度、社会网络结构、个人所处网络结构的位置等因素会影响到信任、情感支持、资源获取、信息传递以及人际关系等中介变量，而上述中介变量又会对个人的经济决策产生影响。

以往的研究在对公司高管做出与公司经营和治理相关的决策行为进行分析时，往往关注的是高管的个人属性特征对决策的影响，例如，对董事会的治理行为以及治理效率的研究，选择的变量是董事会成员的学历、职业背景、专业知识以及年龄等，人为地将个人属性特征的治理效果一致化，忽略了社会网络关系对决策的影响。高管处于社会网络关系中，例如校友、同事、老乡以及其他网络关系。依据镶嵌理论，公司的高管处于通过兼任职位建立的社会网络关系中，高管联结网络中镶嵌着许多与公司经营及治理相关的信息与资源。此外，高管联结网络还为处于网络关系中的成员提供了信息交流与彼此沟通的渠道。因此，高管在做出经营与治理的相关决策时必然会受到高管联结网络中其他成员的影响，同时会受到网络中所镶嵌着的各种信息与资源的影响。

2.1.6 社会资本理论

Bourdieu（1977）在其著作中提出了社会资本的概念，他认为社会资本是个人或群体社会连带的综合，同时社会资本源于连带的建立、维持与资源交换。Cloeman（1990）提出了广泛使用的社会资本的概念，认为社会资本是社会结构中的一个组成要素，是有利于“特定行动”的社会连带，社会资本可以为结构中的个人带来便利。Burt（1992）认为，社会网络中充满了结构洞，结构洞越多的网络中，网络中镶嵌的社会资本越多。Browm（1997）提出，将社会资本按照微观、中观与宏观进行分类，微观层面的社会资本指社会结构中的个体或组织通过社会网络调动镶嵌在其中的资源；中观层面的社会资本指连带网络中个人或组织之间的互相调动镶嵌在其中的资源；宏观层面的社会资本指外部的文化、制度以及社会因素对社会网络的影响。Lin（2001）认为，社会资本是通过行动者的社会网络关系而获取的资本，利用其所在网络或者群体中的联系和资源来发挥作用。与其他的资本类型不同，社会资本镶嵌在人际关系互动的结构之中，它既不单纯依附于独立个体，也不依附于物质生产过程中。

基于社会资本理论，公司的高管在做出与公司经营与治理相关的决策时，除了个人的专业知识以及职业背景的影响，还受到其所处社会网络结构中的社会资本的影响，公司的高管通过其所处高管联结网络进行沟通与学习，获取该网络中的社会资本，例如对市场环境变化的识别、收益率较高的投资项目、信息披露策略的选择、高管薪酬计划方案的制定等信息资源。因此，处于高管联结网络中的管理者可以通过利用其所处网络中附带的社会资本，做出最优的经营与治理决策，从而提高公司经营业绩与公司治理效率，进一步增加公司的未来价值。

2.2　公司业绩相关文献综述

本书对国内外学者对高管与公司业绩之间关系的研究进行梳理，发现主要有以下几个研究主题：一是高管个人的背景特征对公司业绩的影响；二是高管的薪酬与公司业绩之间的关系；三是公司的董事会与监事会对公司业绩的作用；四是高管的政治关联对公司业绩的影响。

2.2.1　高管背景特征与公司业绩

对高管个人的背景特征对公司业绩的研究最早是以高阶梯队理论解释背景特征对公司业绩的影响，Hambrick 和 Mason（1984）在文章中指出，高管背景特征在一定程度上可以预测公司业绩与经营战略的选择。此外，我国学者对高管背景特征对公司业绩的影响研究发现高管的教育水平、学历背景、年龄以及任期都对公司业绩产生影响（魏立群和王智慧，2002；李春涛和孔笑微，2005；汪金龙和李创霏，2007；刘玉春，2012）。

2.2.2　高管薪酬与公司业绩

高管薪酬激励与公司业绩之间的关系已经不是新的研究话题了，综观已有的国内外研究，可以总结为两种结论：一是高管薪酬激励对公司业绩没有显著的提高作用（李增泉，2000）。二是高管薪酬激励显著提高了公司业绩水平（Murphy，1985；李燕萍等，2008）。

2.2.3　董事会、监事会与公司业绩

随着公司治理的研究越来越深入，董事会与监事会的设置对公司业绩影响的研究也越丰富，从总体讲，两会对公司业绩的影响分为以下几种观点：一是以国外学者 Yermack（1996）以及刘玉敏（2006）的研究为代表，认为

董事会与监事会对公司业绩并不存在显著的影响；二是袁萍等（2008）通过研究发现，董事会对公司业绩有显著的提升作用，而监事会的影响并不显著；三是刘莉（2006）指出，董事会的相关特征与公司业绩显著负相关，例如董事会的规模。

2.2.4 高管政治关联与公司业绩

对于高管政治关联与公司业绩的研究，分为三种观点：一种观点认为，高管政治关联可以为公司带来有利之处，进而提升公司业绩水平，增加公司价值（Goldman et al.，2009；Faccio，2009；郑路航，2010；潘洪波等，2008）；另一种观点认为，高管的政治关联很可能成为寻租的通道，因此会降低公司业绩水平（Bertrand et al.，2004；Faccio et al.，2006；Faccio，2007；邓新民，2011）；还有一种观点认为，高管的政治关联不会对公司业绩水平产生影响（Fan et al.，2007；贺子龙，2009）。

2.3 盈余管理相关文献综述

通过对国内外学者关于高管与盈余管理研究的梳理，主要有以下几个方面：一是盈余管理的动机研究；二是高管个人特征对盈余管理的影响；三是高管控制权与盈余管理之间的关系；四是高管薪酬激励对盈余管理的影响；五是高管变更与盈余管理之间的关系；六是董事会、监事会对盈余管理的治理作用。

2.3.1 盈余管理的动机

关于盈余管理动机的研究，主要从两个方面展开：一是以为达到会计业绩指标的契约动机。高管为了达到薪酬指标、为了继续当选管理层以及避免债务违约而进行的盈余管理，盈余管理的形式则分为正向与负向的盈余管理

（Healy，1985；DeAngelo，1988；Holthausen et al.，1995；Defond et al.，1994；Sweeney，1994）。二是以为达到资本市场指标的动机而进行盈余管理。其中包括为了达到 IPO 指标而进行的盈余管理（Teoh et al.，1998；Rangan，1998；王志强和刘星，2003；蔡春等，2013）、避免亏损（Hayn，1995；Burgstahler et al.，1997；吴联生等，2007；张昕等，2007）、达到分析师预期（Barth and Eilliot，1999；Skinner and Sloan，2002；Burgatahler et al.，2006；Yu，2008）。

2.3.2　高管个人特征与盈余管理

高管个人特征对公司盈余管理水平的影响主要是从高管的职业背景、学历、年龄、性别等方面展开的。一部分学者通过研究发现，具有审计工作背景的高管通过真实经济活动进行盈余管理的可能性更高（刘继红和章丽珠，2014；蔡春等，2015）；另一部分学者认为，高管的学历、年龄、性别以及任职时间对盈余管理有显著的负向影响（左芬，2015；吕晓亮，2016）。

2.3.3　高管控制权与盈余管理

对于高管控制权与盈余管理之间关系研究的主要观点认为，高管控制权水平越高，盈余管理程度越低。此外，公司所处的法律环境、高管的社会偏好以及对公平的认识水平皆与盈余管理的程度有关（王克敏和王志超，2007；杨志强，2013）。

2.3.4　高管薪酬与盈余管理

关于高管薪酬与盈余管理的研究主要是关于薪酬激励是否会成为高管进行盈余管理的动机。通过梳理，对于上述问题主要有两种观点：一是高管薪酬激励水平与盈余管理水平呈显著正相关关系，薪酬激励成为盈余管理的动机之一（Cheng and Warfield，2005；李延喜、包世泽和高锐，2007；罗宏、曾永良和宛玲羽，2016）。二是高管薪酬激励对盈余管理的影响并不显著（罗玫和陈运森，2010）。

2.3.5 高管变更与盈余管理

高管变更与盈余管理之间的研究主要是针对高管变更时，是否会对公司的盈利水平进行调整。经过研究发现，高管变更的第一年，公司的盈余管理水平更高，并且有可能通过应计项目或是真实的经营活动进行负向的盈余管理（朱星文等，2010；杜兴强等，2010；林永坚等，2013）。

2.3.6 董事会、监事会、独立董事与盈余管理

公司中董事会、监事会对盈余管理的研究，主要是关于“两会”对盈余管理的监督与抑制作用是否发挥良好。通过对国内外文献的梳理，主要有以下三种观点：一是董事会中的审计委员会等发挥了有效的监督作用，抑制了盈余管理的水平（Klein，2002；Peasnell et al.，2005；高明华和方芳，2014）。二是董事会中董事和总经理的两职合一，没有设置审计委员会等董事会结构特征与盈余管理水平呈显著正相关关系（王建新，2007；杨清香等，2008）。三是监事会在盈余管理行为中并没有发挥有效的监督作用（李爽和吴溪，2003）。关于独立董事与盈余管理研究的主要观点为，独立董事对盈余管理没有显著的抑制作用，但当独立董事具有财务会计等相关的专业背景时，可以有效发挥其抑制盈余管理水平的作用（支晓强和童盼，2005；王兵，2007；胡奕明和唐松莲，2008；Jaggi et al.，2009）。

2.3.7 高管政治关联与盈余管理

国内外学者对高管政治关联与盈余管理之间关系研究的主要结论认为，存在高管政治关联的公司更倾向于选择低质量的审计师，并伴随着较高水平的盈余管理，在民营企业中也存在类似的高管政治关联对盈余管理的影响（黄新建和张会，2011；刘永泽、张多蕾和唐大鹏，2013）。

2.4　资本成本相关文献综述

通过对国内外与资本成本相关的研究进行梳理，对资本成本的研究主要分成以下几个方面：一是公司的各项特征对权益资本成本的影响；二是公司的信息披露质量对权益资本成本的影响；三是法律环境以及投资者保护程度对权益资本成本的影响；四是公司治理特征与权益资本成本之间的关系；五是公司的高管与权益资本成本之间的关系。

2.4.1　公司特征与权益资本成本

国内外学者通过对公司特征对权益资本成本影响的研究，发现行业特征、BM 比率、长期增长率、财务杠杆、债务税盾、多元化等因素对公司的权益资本成本的影响较为显著（Gebhardt and Swaminathan，2001；叶康涛和陆正飞，2004；Dhaliwal et al.，2006）。一部分学者通过研究发现，某些特定行业，如文化传媒、电子等行业的权益资本成本较高，此外财务杠杆水平越高、多元化程度越高，往往伴随着较高的权益资本成本（Dhaliwal et al.，2006；姜付秀和陆正飞，2006）。一部分学者通过研究表明，当股东权利较大、投资者管理水平越高、盈余质量越高时，公司的权益资本成本越低（Cheng et al.，2006；马连福、胡艳和高丽，2008；Chen et al.，2011）。

2.4.2　信息披露质量与权益资本成本

国内外学者对信息披露质量对权益资本成本影响的研究结论较为一致，较高的信息披露质量往往伴随着较低的权益资本成本，原因是高质量的信息披露表明了公司的信息透明度较高，信息不对称程度较低（Botosan，1999；汪炜和蒋高峰，2004；曾颖和陆正飞，2006；Lambert，Leuz and Verrecchia，2007）。通过更进一步的研究，学者们发现，自愿性的信息披露，例如自愿披露社会责任报告、自愿披露内部控制鉴证报告等，可以显著地降低公司的权益资本成本（Francis，Nanda and Olsson，2008；Dhaliwal et al.，2011；冯琪和韩丹，2013）。

2.4.3　法律环境及投资者保护程度与权益资本成本

通过对国内外学者对法律环境及投资者保护对权益资本成本影响的相关研究进行分析，发现总体结论基本趋于一致。一是投资者保护程度越高，尤其是中小投资者保护程度越高，公司的权益资本成本越低（Himmelberg et al.，2004；沈艺峰、肖珉和黄娟娟，2005；姜付秀、支晓强和张敏，2008）。二是对投资者保护的法律环境越好，投资者面临的风险越低，要求的预期收益率越低，公司的权益资本成本越低（肖珉和沈艺峰，2008；Chen et al.，2009；肖松和赵峰，2010）。

2.4.4　公司治理特征与权益资本成本

国内外学者对公司治理特征与权益资本成本之间关系的研究主要是从董事会的独立性、独立董事、董事会的规模等角度展开的。主要研究结论分为两部分：一是设置独立的审计委员会，董事会的独立性越高、董事长和总经理两职分离、良好的声誉，则高管薪酬激励水平越高，往往伴随着更低的权益资本成本（Ashbaugh et al.，2004；吕暖纱、杨锋、陆正华和陈远志，2007；魏卉、吴昊旻和谭伟荣，2012；醋卫华，2013）。二是董事会规模越大、股权集中度越高、设置股权激励机制，则公司的权益资本成本越高（Ashbaugh et al.，2004；吕暖纱等，2007；周嘉南和雷霆，2014）。

2.4.5　高管与权益资本成本

高管与权益资本成本之间关系的研究结论主要有以下几个方面：一是对公司高管的政治关联与权益资本成本之间的关系，主要认为存在政治关联的公司，其投资效率越低，公司的权益资本成本越高，这种现象在非国有企业中更加明显（肖浩和夏新平，2010；魏卉和杨兴全，2011）。一部分学者则认为，非国有企业的政治关联，在一定程度上提高了投资者保护的程度，可以降低公司的权益资本成本（赵峰和高明华，2012；Boubakri et al.，2012）。二是部分学者对高管的过度自信与权益资本成本之间的关系进行研究，发现过度自信会导致公司的权益资本成本升高（于富生、张胜和李岩，2011）。三是高管的社会资本，例如网络关系、声誉、网络地位，与权益资本成本呈显著的负相关关系（游家兴和刘淳，2011）。

2.5　高管联结文献综述

由于国内外公司制度存在一些差异，国外学者的研究主要是连锁董事方面；国内学者的研究大部分也是针对连锁董事以及董事网络展开的，涵盖公司高管的研究相对较少。以往关于连锁董事、董事网络以及高管联结的研究主要分为以下几个方面：连锁董事以及董事网络的概念、含义等；连锁董事对公司治理方面的影响；连锁董事以及董事网络对公司经营的影响，主要是对公司业绩的影响；连锁董事以及董事网络对公司决策的影响。

2.5.1　高管联结（连锁董事以及董事网络）的形成与含义

Fama 和 Jensen（1983）提出，外部董事的兼职市场是董事积累监管专家声誉的重要来源和激励动机。许多研究将外部董事持有的董事职位数量作为董事在外部劳动市场的声誉的代理变量（Shivdasani，1993；Vafeas，1999；Brown and Maloney，1999）。Palmer 等（1996）在文章中指出，连锁董事的两种目的：一是为了获取其他公司在行业中所拥有的资源；二是为了建立董事个人的社会精英组织。Davis 等（2003）分析了美国公司“精英网络”的稳定性，并指出许多研究认为董事网络是传播公司决策、经营以及结构的有效机制，同时发现公司间的连锁网络非常稳固。Bertoni 和 Randone（2006）通过对意大利上市公司的所有权内部联结网络关系以及董事连锁现象的研究，发现两种网络关系都显示出“小世界”的特征，基本上近半数的意大利上市公司都存在所有权连锁关系或董事连锁关系，同时指出公司规模、业务部门以及上市年限与两种网络连锁关系的中心程度相关。Santos 等（2009）对巴西 2001 年、2003 年、2005 年的上市公司董事进行研究，发现连锁董事在巴西的上市公司中是较为普遍的现象，同时指出公司价值与连锁董事之间呈显著负相关关系，尤其是在那些董事持有 3 个或以上的董事职位的公司中最为明显。Burt（1980）指出，存在连锁董事的两家公司之间可以互相获取对方有竞争力的市场交易，并指出从宏观经济角度看，董事连锁网络的本质证明了整体经济精英圈子的存在。Hirshleifer 和 Teoh（2003）指出，分析师和投资者在决定讨论或投资股票时会出现羊群效应，同时发现公司之间会通过“羊群效应”传递投资决策、财务决策以及对外报告的决策。

Ellison 和 Fudenberg（1995）通过对决策者的口头交流信息整合的研究，发现通过口头交流后所作出的决策水平要优于平均水平。Davis（1996）检验了 1984~1989 年美国公司“毒丸计划”的快速传播现象，发现公司间的共同所有者结构以及连锁网络是公司决策快速传播的主要渠道。Haunschild 和 Beckman（1998）检验了连锁董事如何影响公司行为以及影响程度如何，作者指出，已有的研究认为连锁董事提供了信息沟通以及传递的渠道，进而影响公司的决策；通过研究表明，信息来源于与公司经营业务类似的连锁公司时，对公司的决策影响较大。Fich 和 White（2005）对 CEO 之间的互惠连锁关系进行了检验，发现在 1991 年大约 1/7 的公司的 CEO 之间都存在互惠连锁的现象，并且如果公司董事会中外部董事比例较高时，上述现象较为常见；当 CEO 的总报酬中股票期权的比例较高时、公司董事会召开会议次数较多时，上述现象较为少见。

卢昌崇和陈仕华（2006）对近年来国内外的连锁董事研究进行了梳理，将连锁董事的理论归纳为四种：资源依赖理论、互惠理论、金融控制理论与管理控制理论，并使用中国的数据对四种理论进行检验，发现资源依赖理论对中国上市公司中的连锁董事现象的解释力较强。段海艳和仲伟周（2008）对董事网络的影响因素进行分析，发现公司规模、风险水平与行业情况对董事连锁不存在显著影响。卢昌崇和陈仕华（2009）通过对 1999~2006 年上市公司数据的研究，发现在已经形成连锁董事中，有 33%的连锁董事是为企业而非个人提供服务。陈仕华和马超（2011）检验了高管联结关系与公司行为之间的关系，发现存在高管联结的公司之间，其慈善捐款行为趋于一致，作者将高管联结关系分为内部联结与外部联结，并指出外部联结关系对公司捐款行为的影响要低于内部联结关系。

2.5.2 高管联结（连锁董事以及董事网络）对公司经营的影响

2.5.2.1 高管联结与公司业绩

Ferris 等（2003）指出，并没有发现“繁忙”的董事对董事会的构成以及公司业绩表现有负面的影响。Guedj 和 Barnea（2007）对董事网络关系与公司治理之间的关系进行了研究，发现一个公司具有更多的连锁董事时，CEO 的报酬更高并且 CEO 报酬以及 CEO 轮换与公司的业绩敏感性更低，强制性的 CEO 轮换也较少发生，同时发现处于网络中心位置的董事更可能在未来获得更多的董事职位，董事的网络关系会影响到公司治理效率。Non 和 Franses（2007）检验了荷兰 101 家大型公司中的连锁董事对公司业绩的影响，作者在文章中使用了 5 种不同的业绩指标，发现公司现有的连锁董事会对公司的未来业绩产生不利影响，主要是因为连锁董事太忙以至于降低监督效率，从而导致公司治理效率降低，公司业绩降低。Larcker 等（2013）指出，处于董事网络中心位置的公司，伴随着更高的股票回报与更高的未来资产回报增长率。在文章中，作者证明了董事联结网络的数量越多，资源与信息将会通过该网络传递到公司中，从而提高公司业绩与公司价值。Cai 和 Sevilir（2012）提出，高管联结关系可以提高公司的投资效率与公司价值。Keiste（1998）通过对 1988~1990 年的 40 家集团公司中的 535 个成员公司进行研究，发现高管联结关系可以有效提高公司的财务业绩水平与生产效率。Bazerman 和 Schoorman（1983）通过对高管联结不同模型的研究，发现协同效应、交易成本的降低以及获得更多的资源是影响并提高公司价值的主要因素。Mizruchi 和 Stearns（1988）通过对 1956~1983 年美国最大的 22 家工业企业的研究，发现偿债能力与盈利能力下降的公司如果与银行建立董事联结关系，从而以较低的利率获得企业所需的资金。Horton 等（2013）以英国 4278 家上市公司为研究样本，建立了由 31495 名董事所形成的联结网络关系，通过研究发现，董事联结关系伴随着更高的高管报酬以及更高的未来公司业绩，作者没有发现管理层以及外部董事利用该联结关系寻租的证据。

Fich 和 Shivdasani（2006）指出，当外部董事在三个以上的董事会任职时，往往伴随着更差的公司治理情况；通常这些公司的增长性、公司业绩更低以及更低的 CEO 轮换与业绩敏感性。Core、Holthausen 和 Lacker（1999）通过研究发现，繁忙的董事会伴随着低效率的公司治理情况，此时 CEO 的报酬水平更高，而公司业绩水平则更低。Kuhnen（2009）在文章中建立了一个基金董事和管理基金的咨询公司之间的商业联结数据，发现基金董事会给予与他具有更多商业联结关系的咨询公司更优的投资组合管理合约，这一低效的偏袒行为恶化了代理问题，损害了基金投资者的利益，因此社会网络会降低基金治理效果以及基金业绩。Fracassi 和 Tate（2012）通过对 S&P500 公司的研究，发现高管联结（CEO 与董事的联结）降低公司的价值，联结关系越多的公司，其并购绩效越低，作者指出，高管联结关系降低了董事会的监督效率。Andres 和 Lehmann（2013）对德国 2003~2006 年 133 家公司进行研究，发现董事联结关系紧密的公司（兼职越多的董事），由于董事会中的董事过于繁忙，导致监督效率低下，因而此类公司伴随着更低的公司业绩，同时支付 CEO 更高的薪酬。Cashman 等（2012）提出，以往的文献并不认可“繁忙董事”与公司业绩之间的关系，有部分研究认为“繁忙”正表明董事的能力很强并且为公司带来了价值，也有部分研究认为“繁忙董事”的精力有限，监督效率低，不利于提高公司业绩；作者通过研究发现，董事的繁忙程度与公司业绩呈显著负相关关系。Lu、Wang 和 Dong（2013）对董事连锁关系与公司业绩之间在中国的情况进行检验，发现连锁董事现象在中国比较普遍，并且与没有董事网络关系的公司相比，具有连锁董事的公司的业绩较好，并指出连锁董事的数量应存在一个临界值，超过临界值后上述对公司业绩有利的影响将会消失。

卢昌崇和陈仕华（2006）通过对连锁董事与公司业绩的研究，发现二者之间存在较弱的正相关关系。任兵、区玉辉和彭维刚（2007）从市场失灵的视角对连锁董事与公司价值之间进行了研究，并在此基础上提出了治理失灵的概念，作者认为在中国经济的转型时期，由于市场失灵与治理失灵情况的存在，使得连锁董事更可能做出一些短视行为从而降低公司治理效率并且降低公司绩效与公司价值。田高良、李留闯和齐保垒（2011）通过对公司间董事连锁关系与财务绩效、公司价值的研究，发现在经济转型过程中董事连锁关系有助于公司获得更多资源从而提高财务绩效，此外董事连锁关系发挥了公司的一项无形资产和实务期权的作用，从而有助于提高公司价值。陈运森和谢德仁（2011）通过对公司中独立董事建立的连锁网络关系与公司治理效率的研究，发现独立董事所处的网络位置越中心，其治理效率越高，表现为较高的投资效率。陈运森（2012）对独立董事在其所建立的董事网络中的位置与代理成本之间的关系进行分析，指出越处于董事网络位置的中心，公司的一类代理和二类代理问题越少，进而公司的经营效率越高。陈运森（2015）通过对公司董事网络的结构洞多少与公司业绩以及投资效率的研究，指出公司所处网络的结构洞越多，投资效率越高并且公司的未来业绩越好。

2.5.2.2　高管联结与公司并购

Schonlau 和 Singh（2009）对连锁董事与公司并购进行了研究，发现董事所处的网络中心度与公司并购目标的选择、公司并购业绩、支付方式有关，处于董事网络中心的公司往往伴随着更高的公司并购后的业绩表现，更可能支付现金等。Schmidt（2009）检验了 CEO 以及董事会成员的社会网络关系对公司并购绩效的影响，发现当公司对咨询的需求较强时，社会网络关系伴随着更高的公司并购绩效；当公司对监督的需求较强时，社会网络关系伴随着较低的并购绩效；作者指出，CEO 以及董事会成员的社会关系根据不同的公司需求具有两面性——成本和收益。Chikh 和 Filbien（2011）对 2000~2005 年的法国上市公司并购交易受到 CEO 的精英校友关系网络以及董事网络的影响程度进行了分析，发现一般情况下 CEO 在面临市场负面的反应时会停止并购交易，但处于精英校友关系网络与董事网络中心位置的 CEO

在面临市场负面反应时更加倾向于完成并购交易。Cai 和 Sevilir（2012）对董事网络与公司并购行为之间的关系进行了研究，发现当公司间共享同一名董事时，并购方的并购绩效更高，同时指出当并购方与目标公司各有一名董事在同一个董事会任职时，并购方的并购绩效也较高。以上结果表明连锁董事网络对公司的投资决策有重要的影响。

陈仕华、姜广省和卢昌崇（2013）从信息不对称的研究视角对公司高管联结关系与并购绩效进行了研究，发现并购方与目标方公司之间的董事连锁关系与长期的并购绩效存在显著的正相关关系，并且指出，当该联结关系由内部董事连锁形成时，上述正向关系显著性更强。万良勇和胡璟（2014）对董事连锁的网络位置与公司并购绩效之间的关系进行了研究，发现公司处于董事连锁网络中的位置越中心，其并购绩效更高。万良勇和郑小玲（2014）通过对连锁董事所建立的董事网络的结构洞与公司并购之间的研究，发现公司所拥有的结构洞越越多，其并购效率越高，此外指出在并购中介欠发达地区，上述关系影响作用越显著。

2.5.3 高管联结（连锁董事以及董事网络）对公司治理的影响

2.5.3.1 高管联结与董事会结构

Zajac 和 Westphal（1996）通过对美国上市公司内部管理层权力对公司间网络关系的影响进行研究，发现公司高管的权力确实会对董事网络产生影响，进而影响到公司间的网络关系。具体而言，高管权力较集中的公司更可能聘用董事会活动较少的公司的董事作为本公司的董事会成员，从而保证自身对公司的控制权，进而影响到公司董事网络的结构，更多地与效率较低的公司董事会中的成员建立网络联结关系。Kramarz 和 Thesmar（2013）通过对1992~2003 年在巴黎股票交易市场的上市公司中的高管联结进行研究，发现公司高管的社会网络会影响公司的董事会组成结构，同时高管的社会网络降低了公司治理效率。Bebchuk 和 Cohen（2005）检验了公开发行股票的公司是如何被管理层为了防止被解职而设置的一系列措施的影响，通过研究指出，繁忙的董事会会降低相关公司治理机制的监督效率，从而降低公司价值。

2.5.3.2 高管联结与盈余管理

Chiu 等（2012）检验了盈余管理在共享董事的公司间的传播现象，发现当公司与另一家正在进行盈余管理的公司共享同一个普通董事时，该公司很可能进行盈余管理行为，这种传染效应在共享董事具有领导职务或具有财务会计相关专业背景时更强；相应地，当公司与另一家不存在盈余管理的公司共享董事时，该公司存在盈余管理行为的可能性很小。作者通过研究指出，在会计处理传播现象中，违规行为的传播的比例要高于错误行为。最后作者提出，董事监督在公司财务报告质量控制以及传播过程中具有重要的作用。Kedia、Koh 和 Rajgopal（2015）通过对 1997~2008 年的 2376 例财务重述公告进行盈余管理扩散的研究，作者在控制了行业以及公司特征后，发现在行业领军公司发布财务重述公告后，行业内的其他公司倾向于开始进行盈余管理。Dharwadkar、Harris、Shi 和 Zhou（2016）提到，Cohen 等（2008）发现在 2002 年通过 SOX 法案后的三年时间内许多公司从以应计项目进行盈余管理转变为以真实的经济活动进行盈余管理，但仍存在一个问题是这些公司如何在如此短的时间内从一个会计实践转变为另一个会计实践。作者通过研究发现，审计委员会成员的连锁网络关系是其中一个重要的因素。此外，作者建立了 REM-AEM 替换指数并发现 AEM 向 REM 转变的行为通过审计委员会成员的连锁关系在公司间进行传播。最后作者指出，审计委员会的连锁关系是会计信息在公司间传播的重要渠道之一。

傅代国和夏常源（2014）在文章中检验了独立董事在联结关系网络中的位置与盈余质量的关系，发现独立董事在社会网络中的位置越处于中心位置，其体现的治理效应越明显，具体表现为有效的降低公司的盈余管理水平并且提高了盈余反映系数。钱戮琳（2013）指出，连锁董事的存在可以抑制管理层的盈余管理行为，从而提高公司的盈余质量。李青原、张肖星和王红建（2015）对独立董事的网络联结与盈余管理进行了研究，发现独立董事连锁会造成连锁公司间盈余质量的传染效应，此外，审计委员会成员以及具有行业专长的独立董事的连锁使得盈余质量的传染效应更显著。

2.5.3.3 高管联结与管理层报酬与轮换

Hallock（1997）通过研究发现，8%的CEO存在互惠联结的关系，并指出存在互惠联结的公司中，CEO的报酬普遍偏高。Lacker等（2005）检验了内部董事与外部董事之间的关联是否会影响CEO的报酬，发现连锁董事所处的位置，也就是与薪酬委员会成员的关系远近决定着CEO报酬的高低，距离越近的，CEO报酬越高。Faleye（2007）对连锁董事与公司业绩的作用机理进行了检验，发现董事网络降低了董事会中外部董事对CEO轮换与CEO报酬的监督作用，从而使得公司的CEO轮换以及报酬对公司业绩的敏感性偏低。Guedj和Barnea（2007）检验了美国上市公司中通过连锁董事建立的网络联结关系，发现处于网络位置中心位置的董事更倾向于为CEO提供更高的报酬，指出类似的社会网络关系对公司治理效率以及董事会的治理作用的发挥有消极影响。Nguyen（2007）检验了董事会成员的社会关系对其治理效率的影响，发现当CEO与董事都属于同一个社会网络时，CEO更不可能由于差的业绩表现离职，通过进一步的研究发现，在强制离职后，具有社会网络关系的CEO更容易找到报酬更高的工作。Hwang和Kim（2009）指出，判断一个董事的独立性时，除了考虑其与公司或CEO之间是否存在经济或家庭关系外，还应将其社会关系考虑在内，作者使用独有的数据通过研究发现，87%的董事是独立的，但其中只有62%的董事社会关系上也是独立的；作者指出，社会关系独立的董事更倾向于为CEO支付低水平的报酬，业绩报酬敏感性以及轮换业绩敏感性都更高，研究结果表明，董事的社会网络关系对公司的治理效率有重要影响。Andres和Lehmann（2013）对德国2003~2006年133家公司进行研究，发现董事联结关系紧密的公司（兼职越多的董事），由于董事会中的董事过于繁忙，导致监督效率低下，因此此类公司支付CEO更高的薪酬。此外，作者指出，额外的董事会席位比单纯的董事任命重要，并指出在不考虑董事席位责任履行质量好坏的前提下，建议缩小董事席位是不可取的。Wong、Gygax和Wang（2015）使用2003年共291家美国大型上市公司的数据为研究样本，对公司间通过连锁董事建立的联结网络关系对高管薪酬激励的影响进行研究，发现存在联结关系的公司间，高管薪酬激励计划存在很强的相似性，尤其是股权激励相关的内容。Crespí-Cladera 和 Pascual-Fuster（2015）利用西班牙上市公司的数据检验了所有权结构是如何影响董事网络与管理层报酬之间的关系，发现西班牙上市公司的所有权比较集中，董事网络伴随着较高的 CEO 报酬。此外，作者指出对于那些所有权相对比较分散的公司，董事网络将会损害公司未来的业绩，而对于那些所有权集中的公司而言，发达的董事网络有利于提高公司的业绩水平。

彭正银和廖天野（2008）从连锁董事对公司治理产生影响的渠道进行分析，发现连锁董事所处的网络位置、连锁网络的规模以及连锁董事的数量与公司治理效率呈显著正相关关系，此外作者表明，并没有发现连锁董事持股对公司治理效率有显著的影响。陈运森和谢德仁（2012）检验了独立董事连锁网络对薪酬激励的影响，发现公司的独立董事所处的网络位置越中心，高管薪酬对业绩的敏感程度越高，但在国有企业中，上述关系则变弱。李留闯和田高良（2014）以公司间存在联结关系的网络密度为研究视角对董事网络与管理层薪酬之间的关系进行研究，发现公司间通过董事连锁建立的网络关系与高管薪酬呈正相关关系，但与薪酬业绩敏感度越低。

2.5.3.4　高管联结与财务报告

Beasley（1996）通过对财务造假与外部董事的研究，发现外部董事持有的其他公司的董事会中职位的数量越多，公司财务造假的可能性越大。Fich 和 Shivdasani（2007）在文章中检验了财务欺诈对外部董事声誉的影响，通过研究发现，外部董事在经历财务欺诈诉讼的公司的职位并没有显著影响，但其持有的在其他公司的董事会中的职位数量显著减少，同时与涉及财务欺诈诉讼公司存在连锁关系的公司，其公司价值显著降低，而且在公司治理较严格的公司中，涉及财务欺诈公司的外部董事很可能会被辞退，而他们的离任伴随着正面的市场反应。Gleason、Jenkins 和 Johnson（2008）预测并发现，财务重述将会降低股东财富并导致行业内其他公司的股票价格下降，股票价格下降并不是因为公司没有达到分析师的预测水平，更多的是因为投资者对财务报告质量的疑虑，作者研究了财务重述在行业中传播的现象，发现同一个行业中财务重述的传播现象较为显著。Subrahmanyam（2008）检验了公司治理、公司价值与治理董事会的社会网络之间的关系，发现现代的通信工具降低了面对面的交流，放大了社会网络关系对公司治理效率的不利作用，并指出低效率的监督导致了公司信息披露质量低，CEO 的报酬高。Hirshleifer 和 Teoh（2009）对社会网络中的信息传递等现象是如何对财务决策的传播以及市场价格产生影响的，研究发现，与公司财务报告相关的决策选择会通过社会网络关系进行传播。Shropshire（2010）检验了连锁董事中董事的个人差异是如何对信息传递产生影响的，并对容易接受通过连锁网络传递信息的公司特征进行了分析，对传递并接受关于公司经营信息的连锁董事特征进行分析，并对影响信息传递的因素进行了研究，发现与董事建立连锁关系的 CEO 权利更大时，相关的会计政策的选择更容易被接受。Cai、Dhaliwal 和 Kim（2014）检验了公司的信息披露政策是否会受到董事联结网络的影响，作者选择是否停止季度盈余报告作为信息披露政策变化的指标，研究发现，当与在前一个季度停止季度盈余报告的公司共享同一个董事时，该公司更倾向于停止提供季度盈余报告，同时，当连锁董事在其中一家公司停止季度盈余报告后获得收益，上述关系更加显著。最后作者指出，连锁董事在公司之间披露政策的传播中具有重要的传递渠道的作用。

陈运森（2012）对独立董事网络位置与信息披露质量之间的关系进行了研究，指出独立董事所处的网络位置与信息披露质量之间呈显著正相关关系。陈仕华和陈钢（2013）对高管联结关系与公司的财务重述行为之间的关系进行检验，发现高管联结有助于财务重述在联结公司中传播。张娆（2014）研究了公司间通过连锁董事建立的联结关系对财务报告行为以及信息质量的影响，发现存在联结关系的公司间，财务信息质量具有相似性，同时指出，好的公司治理机制可以弱化上述影响关系。

2.5.3.5 其他公司治理行为

Davis 和 Grev（1996）分别检验了“毒丸计划”在通过连锁董事所建立的公司间的网络联结关系中和“金色降落伞计划”在通过地理位置建立的公司间的网络联结中的传播速度，发现“毒丸计划”在连锁董事网络中快速传播，而“金色降落伞计划”则传播速度很慢。Fich 和 Shivdasani（2006）指出，当外部董事在三个以上的董事会任职时，往往伴随着更差的公司治理情况，当上述董事离开公司时，市场给予正面的反应——正的异常收益（Positive Abnormal Returns）。Kang 和 Tan（2008）通过社会网络的研究视角检验影响会计选择的因素并指出公司自愿将股票期权费用化可能是受到董事连锁网络的影响，同时发现当公司存在内部董事连锁关系，并且该连锁公司也有同样的会计选择时，公司更容易自愿地将股票期权费用化。Bouwman（2011）通过对共享董事的公司间的公司治理机制的研究，发现共享董事的公司间相关的公司治理机制相似性很高，表明公司间会通过共享董事建立的网络互相学习有效的公司治理行为。Cheung、Chung 和 Tan（2013）研究了香港上市公司中董事网络对公司治理以及公司价值的影响，指出董事网络关系降低公司治理效率从而影响公司价值，同时市场对存在董事网络的公司的估价较低。

2.5.4　高管联结（连锁董事以及董事网络）对公司决策的影响

Davis（1991）通过研究发现“毒丸计划”会通过公司间的社会网络关系进行传播。Haunschild（1993）检验了公司之间在做出并购决策时的模仿行为，发现公司的管理层会通过在其他公司兼任董事职位所建立的连锁网络模仿这些公司的并购行为。Battiston 等（2003）指出，公司中董事会的成员会通过其在其他公司兼任董事职位所建立的网络关系影响其个人意见与决策，并研究了董事网络的规模与布局如何影响 CEO 作出的经营决策。Granovetter（2005）指出，社会网络关系会影响信息传播的效率和信息质量，从而影响各种决策行为，例如对审计师的选择以及定价行为。Bizjak 等（2009）检验了董事联结关系对员工期权回溯在行业中传播的影响，发现当公司的董事与已经出现股票期权回溯公司中具有连锁关系时，那么这家公司很可能会出现股票期权回溯，表明相关的决策行为会通过连锁董事建立的网络进行传播。Kuhnen（2009）通过研究发现，公司间的网络关系可以提高信息传递的效率，从而降低代理成本，但也存在利用网络关系寻租的行为，同时发现在基金公司中建立的董事联结关系是基于基金公司的董事与咨询公司以前合作的前提下。Brown 和 Drake（2014）检验了社会网络关系对不同的避税措施的影响，同时检验了不同的网络本质以及内容对网络关系与避税措施之间关系的影响，通过研究发现，大量的避税措施通过社会网络关系在公司间共享。此外，文章中使用连锁董事作为网络关系的代理变量，董事联结关系数量越多，现金抵扣有效税率越低；当目标公司与联结公司共享同一个本地审计师事务所时，董事网络对低税率公司的影响更加显著。最后作者指出，网络关系的本质对公司网络关系与避税措施之间关系的影响非常重要。Lennox 和 Yu（2015）提出，当公司更换一个新的会计师事务所时，往往伴随着很大的不确定性，而如果对更换的会计师事务所比较熟悉时，这种不确定性大幅度下降，作者引入连锁董事作为是否熟悉的指标，通过研究发现，公司更加倾向于选择连锁董事任职的其他公司已经使用过的会计师事务所。总体来讲，作者认为，连锁董事网络帮助公司更多地了解会计师事务所并使得更换后的事务所更加有效率。Fracassi（2016）检验了通过社会、教育以及职业关联建立的网络关系对高管在公司决策中的影响，发现两家公司共享的联结关系越多，其投资决策以及公司财务政策的选择越相似，同时发现公司处于网络中的位置与投资效率的高低也存在关系，处于中心位置的公司，与其他公司的投资策略相比更具有异质性，公司的业绩也更高；通过进一步的研究，作者发现当处于联结关系中的人员由于去世中断了联结关系时，公司间的相似性会变低。

杨蓓和张俊瑞（2011）分析了连锁董事对公司选择会计师事务所的决策是否存在影响，发现连锁董事的声誉对选择机制存在影响，具体表现为连锁董事的声誉与审计师质量的高低呈显著正相关关系。马超和陈仕华（2012）使用 2007 年上市公司的数据对董事网络与审计师选择之间的关系进行研究，发现具有董事联结关系的公司之间，选择审计师的决策行为具有一致性，此外作者指出，相对于内部董事形成的联结网络关系而言，外部董事网络联结对上述决策一致性的影响更强。王营和曹廷求（2014）通过对董事网络关系的研究指出，网络关系有利于公司获得稀缺性的资源，具体表现为董事网络通过网络中心位置与结构洞的丰富程度对融资规模及成本产生影响，作者指出，董事网络有助于缓解公司因负面新闻带来的问题。刘颖、钟田丽和张天宇（2015）检验了连锁董事对公司控股股东利益侵占与融资结构之间关系的影响作用，指出连锁董事处于董事网络位置越接近中心位置，对利益侵占与融资结构的调节作用越有效。马连福、张琦和王丽丽（2016）以技术密集型公司的数据为研究样本，对连锁董事的网络位置与公司对创新技术的投入之间的关系进行研究，发现董事网络位置中心程度越高，创新技术的投入越多，在民营企业中上述关系越显著。

2.6　国内外文献述评

通过对国外相关文献的研究，我们发现国外学者对连锁董事、董事网络（高管联结）的研究主要是针对公司董事通过持有其他公司董事会中的职位建立的网络关系。研究主题主要是董事网络对公司经营决策的影响、CEO 薪酬、CEO 轮换、公司价值以及一些具体公司行为的传播现象等。综合看，国外学者主要是对于董事网络的经济后果的研究，本书主要是对高管网络联结的形成机理进行研究，进而对不同的形成机理的经济后果进行分析，并得出研究结论。

通过对国内相关文献的研究，我们发现国内学者对连锁董事、董事网络（高管联结）的研究主要是针对公司部分高管以及董事会成员通过持有其他公司董事会中的职位建立的网络关系对公司业绩以及并购行为的影响、CEO 薪酬、CEO 轮换、公司价值以及一些具体公司行为的传播现象等。

综合国内外的研究看，国外学者早期对于连锁董事以及董事网络的研究主要是关于其存在性以及相关作用的；国外学者主要是对董事网络（连锁董事）经济后果的研究。国内对于连锁董事以及董事网络的研究起步较晚，受到国外学者的研究启示，主要是从国内连锁董事的形成以及经济后果的研究。综上所述，国内外的学者对连锁董事、董事网络的研究缺乏对网络关系的形成机理的研究，依据社会网络理论以及社会资本理论，不同形成机理的网络关系其镶嵌的社会资本必然不同，因此对网络联结关系的形成机理的研究非常必要，有助于从内部理解网络关系对公司行为的影响。本书是从高管网络联结的形成机理作为研究的出发点，将高管联结网络关系的形成按照不同的职位分成三类——“经营圈”“财务圈”以及“治理圈”高管联结关系，进而对按照不同形成机理组成的高管联结关系的经济后果进行分析，并得出研究结论。

第3章　高管联结变量设计、样本选择和描述性统计

3.1　高管联结变量设计及度量

3.1.1　高管联结的度量

Mizruchi（1996）提出，当公司董事在另一家公司的董事会中持有董事职位时就形成了连锁董事。本书将主要研究对象高管联结定义为公司的高管（董事、监事、总经理、财务总监等高管）通过在其他公司中兼任管理层职位（如董事、监事、其他管理层职位等）而形成的联结关系网络。借鉴国内外学者的方法（Stuart and Yim，2010；张娆，2014），本书将高管联结变量的度量如下：当A公司的高管通过兼任职位的形式在B公司兼任高管职位时，高管联结（INTERLOCK）取值为1，表明A公司与B公司互为联结关系；当A公司的高管没有在其他公司兼任职位的情况时，高管联结取值为0，表明A公司与其他公司之间不存在高管联结关系。

3.1.2　基于形成机理的高管联结分类

首先，高管联结是由上市公司的高管通过在其他公司兼任职位所形成的联结关系，进而形成了公司间的高管联结关系。高管联结的主体是公司的高

管，而高管的个人属性特征，例如，职位、职务、职业背景、专业知识、性别、年龄等，可能会对其所形成的联结关系产生一定的影响，进一步影响高管联结的直接经济后果。本书则以高管的职务作为高管联结形成机理的特征之一，是本文研究的主要出发点。依据高管联结形成机理的分析，我们将高管按照职务分为三大类，即“经营圈”高管、“财务圈”高管以及“治理圈”高管，分别负责公司的日常经营活动的决策、财务工作及相关决策以及公司治理工作及相关决策。基于以上的分析，将高管联结关系按照职务进一步分类，即“经营圈”高管联结、“财务圈”高管联结与“治理圈”高管联结。

3.1.2.1 “经营圈”高管联结

本书将“经营圈”高管联结定义为由负责公司日常经营决策的高管，主要包括总经理、副总经理、总裁、副总裁、董事长、副董事长、CEO 等。由“经营圈”高管通过在其他公司兼任职位所形成的联结关系称为“经营圈”高管联结。因此，当公司间的高管联结关系是由“经营圈”高管建立时，“经营圈”高管联结（INTERLOCK_OPRT）取值为 1，否则取值为 0。

3.1.2.2 “财务圈”高管联结

本书将“财务圈”高管联结定义为由负责公司日常财务决策及相关工作的高管，主要包括财务总监、总会计师、总经济师等。由“财务圈”高管通过在其他公司兼任职位所形成的联结关系称为“财务圈”高管联结。因此，当公司间的高管联结关系是由“财务圈”高管建立时，“财务圈”高管联结（INTERLOCK_FIN）取值为 1，否则取值为 0。

3.1.2.3 “治理圈”高管联结

本书将“治理圈”高管联结定义为由负责公司治理及相关工作的高管，主要包括监事会成员、董事会中的独立董事、外部董事以及独立非执行董事。由“治理圈”高管通过在其他公司兼任职位所形成的联结关系称为“治理圈”高管联结。因此，当公司间的高管联结关系是由“治理圈”高管建立时，“治理圈”高管联结（INTERLOCK_GOV）取值为 1，否则取值为 0。

3.1.3　高管联结的数量

公司的高管通过在其他公司兼任职位建立联结关系是高管的个人行为，在统计每个高管联结关系的数量是高管个人层面的数量，每家公司可能会有数名高管具有联结关系，而本书所指的高管联结数量指的是公司具有的高管联结数量，因此，借鉴国内外学者的处理方法，本书通过以下方法计算公司间的高管联结数量（卢昌崇、陈仕华和 Joachim Schwalbach，2006；陈仕华，2009；Stuart and Yim，2010）。下面通过一个例子说明公司间高管联结数量的计算方法：如图 3-1 所示，A 公司的两名高管甲和乙，甲分别在 C、D、E、F 公司兼任高管职位，乙分别在 F、G、B、H、I 公司兼任高管职位。从 A 公司层面计算高管联结数量，甲和乙两个高管在兼职中存在两个人同在一家公司任职的现象（F 公司），因此，从公司层面计算高管联结数量时，A 公司的高管联结数量为 8 个（去掉甲或乙重复的 F 公司）。从 A 公司高管的个人层面计算，甲的联结数量为 4 个，乙的联结数量为 5 个，A 公司的高管联结数量为 9 个（甲的 4 个加乙的 5 个）。

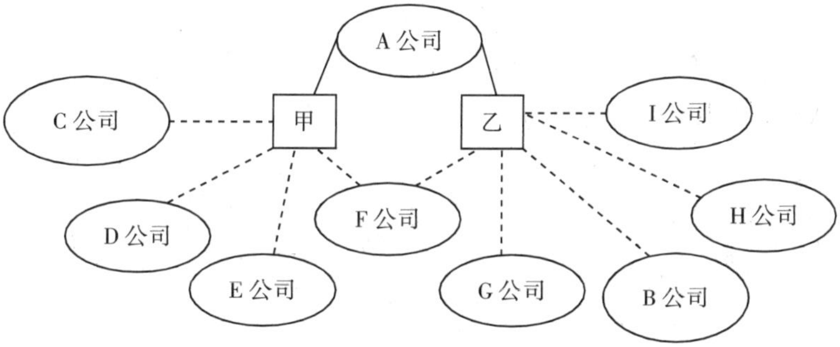

图 3-1　公司间高管联结数量

本书采用个人层面计算高管联结数量，即 A 公司的高管联结数量为 9 个。在筛选高管联结相关数据时，经常会有一家公司中的几个高管同时在同一家公司兼任董事等高管职位的现象。如果使用公司层面计算高管联结数量的方法，则会出现没有真实反映公司高管兼任职位的情况，对公司间高管联结数量的计算也会产生误差。

3.2 样本选择

2001 年 8 月，我国证监会发布文件《关于在上市公司建立独立董事制度的指导意见》，意见中要求所有上市公司全面施行独立董事制度，标志着我国独立董事作为重要的公司治理机制的开始。因此，本书选取 2002~2014 年上市公司的数据作为研究样本。本书的数据来源于国泰安数据库（Csmar）、万德数据库（Wind）以及新浪财经网。具体来源如下：文中公司高管的个人情况（包括任职情况、简历等）信息来源于 Csmar，其中有缺失数据则从新浪财经网中补充；公司的部分财务数据来源于 Csmar，其余数据来源于 Wind。剔除金融行业的公司数据以及高管数据缺失的数据后，得到的高管层面的高管联结的样本量为 56148 个，公司层面的样本量为 19212 个。

关于高管联结数据的处理过程如下：本书从国泰安数据库收集到上市公司的高管基本情况（包括任职情况、简历及个人介绍等信息），其中缺失数据手工从新浪财经网中进行补充完整；在数据整理过程中，需要手工对高管中重名重姓的情况剔除，以便得到真正的高管联结数据。

3.3 描述性统计

图 3-2 和图 3-3 是使用大型 PAJEK 软件处理 2002 年和 2014 年高管联结数据所得到的高管联结网络图，其中每个点代表着公司或高管人员。从 2002 年的高管社会网络关系图中可以看到，上市公司通过高管建立的高管联结是错综复杂的，是由 2230 个高管席位与 951 家上市公司组成的。图 3-3 为 2014 年高管联结的社会网络关系图，是由 7262 个高管席位与 2076 家上

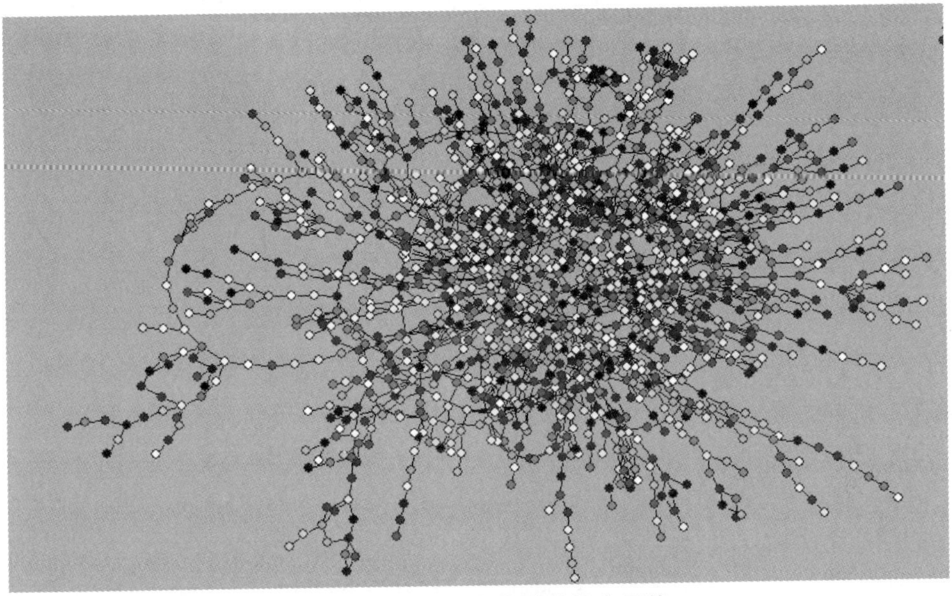

图 3–2　2002 年高管联结社会网络

资料来源：社会网络图由作者通过手工搜集各年度上市公司高管任职数据并整理后使用 PAJEK 软件绘图得到。

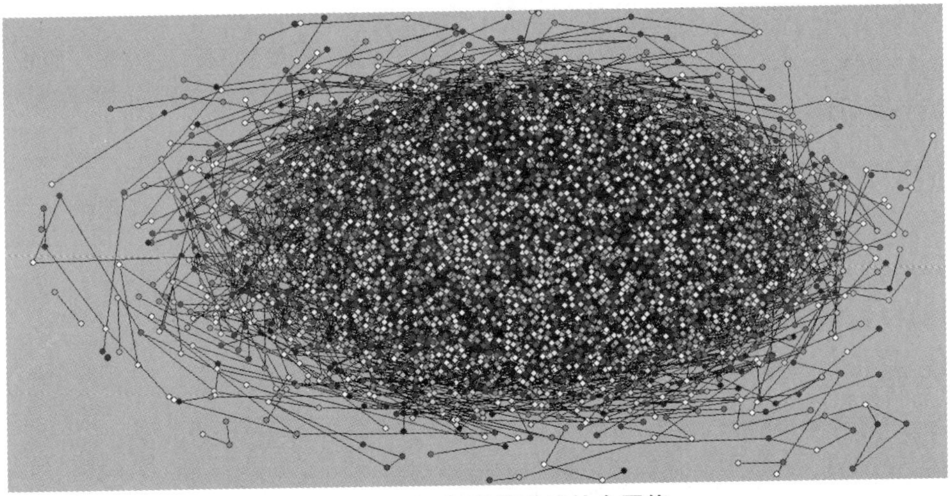

图 3–3　2014 年高管联结社会网络

资料来源：社会网络图由作者通过手工搜集各年度上市公司高管任职数据并整理后使用 PAJEK 软件绘图得到。

市公司组成的。从两幅网络图的对比可以看出，经过 12 年的发展，公司间通过高管联结建立的网络关系越来越多，因此，从直观角度可以发现，以社会网络的视角研究高管联结对公司行为的影响是非常有必要的。

表 3-1 是公司高管个人层面的高管联结关系在 2002~2014 年的描述性统计结果。INTERLOCK_NUM(I) 为高管个人层面联结关系的数量；INTERLOCK_NUM 为公司间高管联结关系的数量；INTERLOCK_OPRT(I) 表示高管个人联结关系为“经营圈”；INTERLOCK_GOV(I) 表示高管个人联结关系为“治理圈”；INTERLOCK_FIN(I) 表示高管个人联结关系为“财务圈”；INTERLOCK_OPRT 表示公司间高管联结关系为“经营圈”；INTERLOCK_GOV 表示公司间高管联结关系为“治理圈”；INTERLOCK_FIN 表示公司间高管联结关系为“财务圈”；SEX 为高管的性别，M 为男性，F 为女性；Age 表示高管的年龄。从表 3-1 中的结果可以看出，随着年份的增加，高管总体的兼任席位是逐年递增的，从 2002 年的 2230 个增加到 2014 年的 7262 个。高管个人层面的高管联结关系的数量在 2002 年时，中位数为 2，最小值为 2，最大值为 8，均值为 2.484，表明上市公司的高管平均每个人持有的外部兼任职位的数量为 2.484 个。这一平均水平也随着时间的推移而逐渐增加，到 2014 年的均值水平为 2.755，中位数为 2，最小值为 1，最大值为 11。在这 12 年间，高管的平均兼任职位的数量增加了 0.271 个，最大值从 8 个增加到了 11 个。2002 年，“经营圈”高管联结关系占总体高管联结关系的比例为 45.3%，“财务圈”高管联结关系占总体高管联结关系的比例为 1.3%，“治理圈”高管联结关系占的比例为 54%，表明上市公司高管联结关系中主要是由参与公司治理工作的董事会、监事会成员等形成的，其次为公司经营层的高管，财务工作的高管所占比例最少。在随后的几年中，“经营圈”高管联结关系在总体高管联结中所占的比例逐渐减少，到 2014 年为 24.4%，而“治理圈”高管联结关系所占比例则逐年增加，2014 年的比重为 75.1%，“财务圈”高管联结关系变化幅度较小，2014 年仍为 1.3%。以上结果表明，随着时间的推移，上市公司中高管联结关系更多的是由“治理圈”高管通过在其他公司兼任职位建立的，也从一个侧面说明公司治理制度对于董事、独立董事以及

监事人员的各项要求对上述结果起到了一定的作用。本书从高管联结关系中性别方面的差别做了描述统计，发现在 2002 年时，高管联结关系中有 91.7%的联结关系是由男性高管建立的，只有 8.3%是由女性高管建立的，男性高管建立的联结关系的比例逐步下降，到 2014 年时，85.2%的高管联结关系是由男性高管建立的，女性高管的比例增加到 14.8%。这一结果表明，在上市公司高管联结关系中，女性高管的比例在逐渐增加。本书对高管联结的年龄层进行分析，发现 2002 年时高管的平均年龄为 46.927 岁，最小为 27 岁，最大年龄为 77 岁。到 2014 年，高管的平均年龄增加到了 53.140 岁。

表 3-1 2002~2014 年高管个人层面的高管联结关系描述性统计

年份	变量名称	观测值	中位数	均值	最小值	最大值	标准差
2002	INTERLOCK_NUM(I)	2230	2	2.484	2	8	0.909
2002	INTERLOCK_OPRT(I)	2230	0	0.453	0	1	0.498
2002	INTERLOCK_GOV(I)	2230	1	0.540	0	1	0.499
2002	INTERLOCK_FIN(I)	2230	0	0.013	0	1	0.115
2002	SEX(M=1；F=0)	2230	1	0.917	0	1	0.276
2002	Age	2230	46	46.927	27	77	9.041
2003	INTERLOCK_NUM(I)	2622	2	2.555	2	7	0.916
2003	INTERLOCK_OPRT(I)	2622	0	0.351	0	1	0.477
2003	INTERLOCK_GOV(I)	2622	1	0.644	0	1	0.479
2003	INTERLOCK_FIN(I)	2622	0	0.013	0	1	0.111
2003	SEX(M=1；F=0)	2622	1	0.920	0	1	0.271
2003	Age	2622	47	47.692	27	78	9.155
2004	INTERLOCK_NUM(I)	3029	2	2.592	2	7	0.963
2004	INTERLOCK_OPRT(I)	3029	0	0.336	0	1	0.472
2004	INTERLOCK_GOV(I)	3029	1	0.658	0	1	0.475
2004	INTERLOCK_FIN(I)	3029	0	0.012	0	1	0.110
2004	SEX(M=1；F=0)	3029	1	0.909	0	1	0.288
2004	Age	3029	48	48.349	27	79	9.138
2005	INTERLOCK_NUM(I)	2890	2	2.580	2	6	0.962

续表

年份	变量名称	观测值	中位数	均值	最小值	最大值	标准差
2005	INTERLOCK_OPRT(I)	2890	0	0.319	0	1	0.466
2005	INTERLOCK_GOV(I)	2890	1	0.675	0	1	0.469
2005	INTERLOCK_FIN(I)	2890	0	0.011	0	1	0.105
2005	SEX(M=1；F=0)	2890	1	0.906	0	1	0.292
2005	Age	2890	48	49.089	27	79	9.035
2006	INTERLOCK_NUM(I)	3083	2	2.554	2	6	0.899
2006	INTERLOCK_OPRT(I)	3083	0	0.320	0	1	0.467
2006	INTERLOCK_GOV(I)	3083	1	0.674	0	1	0.469
2006	INTERLOCK_FIN(I)	3083	0	0.011	0	1	0.104
2006	SEX(M=1；F=0)	3083	1	0.904	0	1	0.294
2006	Age	3083	49	49.465	27	77	8.973
2007	INTERLOCK_NUM(I)	3563	2	2.581	2	8	0.963
2007	INTERLOCK_OPRT(I)	3563	0	0.313	0	1	0.464
2007	INTERLOCK_GOV(I)	3563	1	0.680	0	1	0.467
2007	INTERLOCK_FIN(I)	3563	0	0.012	0	1	0.109
2007	SEX(M=1；F=1)	3563	1	0.899	0	1	0.301
2007	Age	3563	49	49.920	28	78	8.971
2008	INTERLOCK_NUM(I)	4055	2	2.605	2	7	0.960
2008	INTERLOCK_OPRT(I)	4055	0	0.314	0	1	0.464
2008	INTERLOCK_GOV(I)	4055	1	0.680	0	1	0.467
2008	INTERLOCK_FIN(I)	4055	0	0.013	0	1	0.115
2008	SEX(M=1；F=1)	4055	1	0.893	0	1	0.309
2008	Age	4055	49	50.222	27	79	8.804
2009	INTERLOCK_NUM(I)	4280	2	2.650	2	7	1.023
2009	INTERLOCK_OPRT(I)	4280	0	0.303	0	1	0.459
2009	INTERLOCK_GOV(I)	4280	1	0.692	0	1	0.462
2009	INTERLOCK_FIN(I)	4280	0	0.013	0	1	0.115
2009	SEX(M=1；F=2)	4280	1	0.886	0	1	0.318
2009	Age	4280	49	50.559	27	80	8.609

续表

年份	变量名称	观测值	中位数	均值	最小值	最大值	标准差
2010	INTERLOCK_NUM(I)	4948	2	2.684	2	7	1.007
2010	INTERLOCK_OPRT(I)	4948	0	0.297	0	1	0.457
2010	INTERLOCK_GOV(I)	4948	1	0.700	0	1	0.458
2010	INTERLOCK_FIN(I)	4948	0	0.014	0	1	0.116
2010	SEX(M=1; F=2)	4948	1	0.879	0	1	0.326
2010	Age	4948	49	50.950	2	76	8.636
2011	INTERLOCK_NUM(I)	5568	2	2.697	1	7	1.015
2011	INTERLOCK_OPRT(I)	5568	0	0.287	0	1	0.452
2011	INTERLOCK_GOV(I)	5568	1	0.709	0	1	0.454
2011	INTERLOCK_FIN(I)	5568	0	0.013	0	1	0.115
2011	SEX(M=1; F=2)	5568	1	0.871	0	1	0.335
2011	Age	5568	50	51.595	25	78	8.532
2012	INTERLOCK_NUM(I)	6035	2	2.686	1	7	1.009
2012	INTERLOCK_OPRT(I)	6035	0	0.279	0	1	0.449
2012	INTERLOCK_GOV(I)	6035	1	0.714	0	1	0.452
2012	INTERLOCK_FIN(I)	6035	0	0.015	0	1	0.122
2012	SEX(M=1; F=2)	6035	1	0.864	0	1	0.343
2012	Age	6035	50	53.060	24	5589	71.776
2013	INTERLOCK_NUM(I)	6583	2	2.743	1	10	1.103
2013	INTERLOCK_OPRT(I)	6583	0	0.263	0	1	0.440
2013	INTERLOCK_GOV(I)	6583	1	0.733	0	1	0.442
2013	INTERLOCK_FIN(I)	6583	0	0.012	0	1	0.109
2013	SEX(M=1; F=2)	6583	1	0.856	0	1	0.351
2013	Age	6583	51	52.894	25	80	8.498
2014	INTERLOCK_NUM(I)	7262	2	2.755	1	11	1.088
2014	INTERLOCK_OPRT(I)	7262	0	0.244	0	1	0.430
2014	INTERLOCK_GOV(I)	7262	1	0.751	0	1	0.433
2014	INTERLOCK_FIN(I)	7262	0	0.013	0	1	0.112
2014	SEX(M=1; F=2)	7262	1	0.852	0	1	0.355
2014	Age	7262	52	53.140	27	81	8.362

表 3-2 是 2002~2014 年公司层面的高管联结关系的描述性统计，图 3-4、图 3-5 及图 3-6 是 2002~2014 年公司层面高管联结关系的数量、高管联结量的均值及不同“圈子”高管联结所占比例随年份变化的趋势图。从结果中可以发现，2002 年，有 951 家上市公司具有高管联结关系，具有联结关系的公司数量逐年上升，2014 年增加到 2076 家。2002 年时，公司间高管联结数量的均值为 2.551 家，表明每家上市公司平均与 2.551 家上市公司通过高管建立了高管联结关系；公司间高管联结关系数量最多的为 8 家，最少为 2 家。高管联结数量的均值逐年递增，2014 年为 2.774 家。公司间高管联结关系是由“经营圈”高管联结、“财务圈”高管联结与“治理圈”高管联结组成，其中“经营圈”高管联结在 2002 年所占比例为 38.7%，“财务圈”高管联结所占比例为 1.6%，“治理圈”高管联结所占比例为 60.0%。“治理圈”高管联结所占的比例逐年增加，到 2014 年时，该比例增加到 82.9%；“财务圈”高管联结的比例关系基本保持不变；“经营圈”高管联结的比例则逐年降低，2014 年，该比例降低到 16.7%。从这一结果可以看出公司间的高管联结关系大部分也是由董事会、监事会等高管建立的。

表 3-2　2002~2014 年公司层面的高管联结关系描述性统计

年份	变量名称	观测值	中位数	均值	最小值	最大值	标准差
2002	INTERLOCK_NUM	951	2	2.551	2	8	0.989
2002	INTERLOCK_OPRT	951	0	0.387	0	1	0.487
2002	INTERLOCK_GOV	951	1	0.600	0	1	0.490
2002	INTERLOCK_FIN	951	0	0.016	0	1	0.125
2003	INTERLOCK_NUM	1046	2	2.583	2	6	0.922
2003	INTERLOCK_OPRT	1046	0	0.287	0	1	0.452
2003	INTERLOCK_GOV	1046	1	0.704	0	1	0.457
2003	INTERLOCK_FIN	1046	0	0.016	0	1	0.127
2004	INTERLOCK_NUM	1165	2	2.671	2	7	1.023

续表

年份	变量名称	观测值	中位数	均值	最小值	最大值	标准差
2004	INTERLOCK_OPRT	1165	0	0.267	0	1	0.443
2004	INTERLOCK_GOV	1165	1	0.726	0	1	0.446
2004	INTERLOCK_FIN	1165	0	0.011	0	1	0.105
2005	INTERLOCK_NUM	1132	2	2.629	2	6	0.989
2005	INTERLOCK_OPRT	1132	0	0.243	0	1	0.429
2005	INTERLOCK_GOV	1132	1	0.752	0	1	0.432
2005	INTERLOCK_FIN	1132	0	0.011	0	1	0.107
2006	INTERLOCK_NUM	1203	2	2.574	2	6	0.891
2006	INTERLOCK_OPRT	1203	0	0.246	0	1	0.431
2006	INTERLOCK_GOV	1203	1	0.751	0	1	0.432
2006	INTERLOCK_FIN	1203	0	0.007	0	1	0.081
2007	INTERLOCK_NUM	1315	2	2.619	2	8	0.957
2007	INTERLOCK_OPRT	1315	0	0.225	0	1	0.418
2007	INTERLOCK_GOV	1315	1	0.771	0	1	0.420
2007	INTERLOCK_FIN	1315	0	0.008	0	1	0.091
2008	INTERLOCK_NUM	1390	2	2.653	2	7	0.985
2008	INTERLOCK_OPRT	1390	0	0.233	0	1	0.423
2008	INTERLOCK_GOV	1390	1	0.764	0	1	0.425
2008	INTERLOCK_FIN	1390	0	0.009	0	1	0.096
2009	INTERLOCK_NUM	1479	2	2.643	2	7	0.989
2009	INTERLOCK_OPRT	1479	0	0.227	0	1	0.419
2009	INTERLOCK_GOV	1479	1	0.771	0	1	0.420
2009	INTERLOCK_FIN	1479	0	0.014	0	1	0.118
2010	INTERLOCK_NUM	1703	2	2.678	2	6	0.970
2010	INTERLOCK_OPRT	1703	0	0.228	0	1	0.420
2010	INTERLOCK_GOV	1703	1	0.770	0	1	0.421
2010	INTERLOCK_FIN	1703	0	0.009	0	1	0.097

续表

年份	变量名称	观测值	中位数	均值	最小值	最大值	标准差
2011	INTERLOCK_NUM	1846	2	2.702	1	7	0.978
2011	INTERLOCK_OPRT	1846	0	0.216	0	1	0.412
2011	INTERLOCK_GOV	1846	1	0.783	0	1	0.412
2011	INTERLOCK_FIN	1846	0	0.011	0	1	0.106
2012	INTERLOCK_NUM	1932	2	2.718	1	7	1.006
2012	INTERLOCK_OPRT	1932	0	0.198	0	1	0.399
2012	INTERLOCK_GOV	1932	1	0.799	0	1	0.401
2012	INTERLOCK_FIN	1932	0	0.011	0	1	0.106
2013	INTERLOCK_NUM	1974	2	2.748	1	7	1.060
2013	INTERLOCK_OPRT	1974	0	0.192	0	1	0.394
2013	INTERLOCK_GOV	1974	1	0.806	0	1	0.396
2013	INTERLOCK_FIN	1974	0	0.009	0	1	0.092
2014	INTERLOCK_NUM	2076	2	2.774	2	7	1.013
2014	INTERLOCK_OPRT	2076	0	0.167	0	1	0.373
2014	INTERLOCK_GOV	2076	1	0.829	0	1	0.376
2014	INTERLOCK_FIN	2076	0	0.010	0	1	0.098

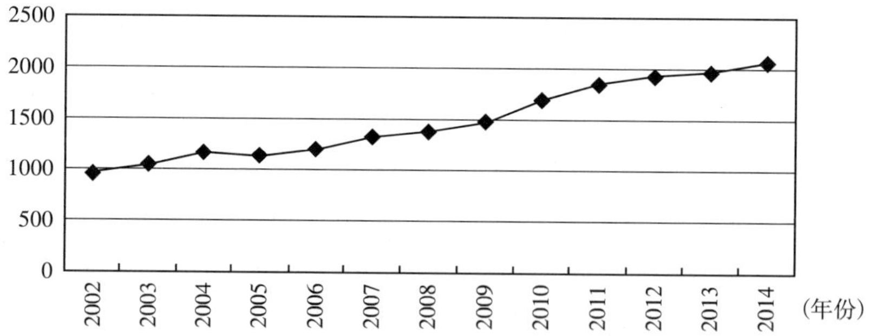

图 3-4　2002~2014 年高管联结数量

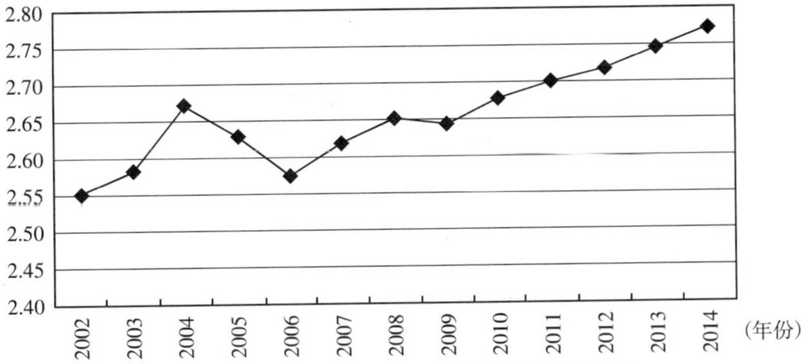

图 3-5　2002~2014 年高管联结数量的均值

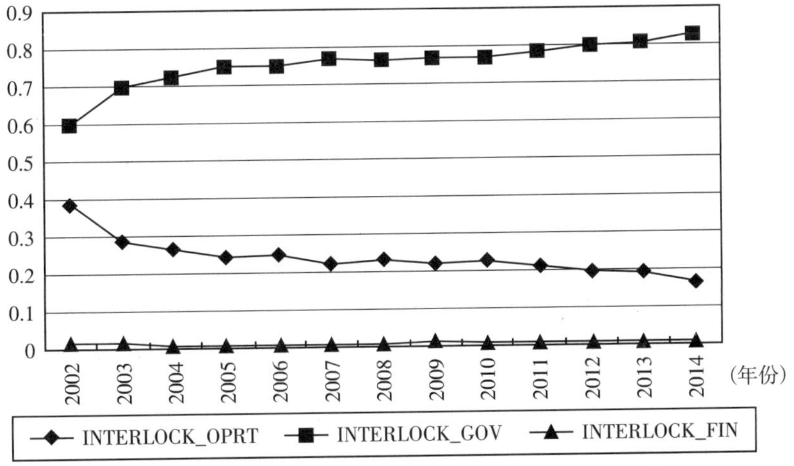

图 3-6　2002~2014 年不同“圈子”高管联结比例

表 3-3 是部分年份的公司与高管个人层面的高管联结关系的描述性统计结果。从结果中可以发现，具有高管联结关系的公司数量为 19212 家，公司间高管联结关系数量的均值为 2.675，最小值为 2，最大值为 11；“经营圈”高管联结关系占高管联结关系的比例为 24.1%，“财务圈”高管联结关系的比例为 1%，“治理圈”高管联结关系为 75.5%，从整体看，公司间高管联结关系主要是由“治理圈”高管建立的。具有高管联结关系的个人为 56148 人，高管个人层面的联结关系数量均值为 2.655，最小值为 1，最大值为 11；

“经营圈”高管占到具有高管联结关系的比例为29.9%，“治理圈”高管所占比例为69.6%，“财务圈”高管所占比例为1.3%。

表3-3 公司与高管个人层面的高管联结关系描述性统计

变量名称	观测值	中位数	均值	最小值	最大值	标准差
INTERLOCK_NUM	19212	2	2.675	2	11	1.014
INTERLOCK_OPRT	19212	0	0.241	0	1	0.428
INTERLOCK_GOV	19212	1	0.755	0	1	0.430
INTERLOCK_FIN	19212	0	0.010	0	1	0.098
INTERLOCK_NUM(I)	56148	2	2.655	1	11	1.011
INTERLOCK_OPRT(I)	56148	0	0.299	0	1	0.113
INTERLOCK_GOV(I)	56148	1	0.696	0	1	0.460
INTERLOCK_FIN(I)	56148	0	0.013	0	1	0.458

第 4 章　高管联结对公司业绩影响的实证研究

4.1　概　述

所有权与经营权的分离是现代公司的重要特征，股东将经营权委托于管理层。在排除宏观经济环境等外部因素的影响后，公司业绩的优劣基本取决于管理层的经营策略与经营能力。此外，由于股东与管理层目标函数的差异，产生了委托—代理冲突，管理层以牺牲股东的利益为代价，实现自身的利益最大化的例子屡见不鲜。为了缓解委托—代理冲突，经过实务界以及学术界的经验积累与不断的研究，高管薪酬激励、股权激励等公司治理机制应运而生。

与管理层相关的一切经济因素都可能会对公司业绩产生影响，例如目前已有的关于管理层与公司业绩的研究主要集中在高管薪酬激励（Murphy，1985；李增泉，2000）、高管背景特征（Hambrick and Mason，1984；魏立群和王智慧，2002；李春涛和孔笑微，2005；汪金龙和李创霏，2007）、董事会、监事会（袁萍等，2008；Yermack，1996）、高管政治关联（Shleifer and Vishny，1994；Fisman，2001；逯东等，2012；邵平等，2008；游家兴等，2010）等方面。

上述的研究主要从管理层个人属性特征的角度研究对公司业绩的影响，

本书则从管理层社会属性特征的视角展开其对公司业绩的影响进行研究。从社会学的研究视角看，管理层首先是社会中的一员，社会的主要特征之一是社会成员之间组建的各种社会关系，因此，管理层在经营公司的同时，也处于错综复杂的社会网络关系中。管理层在做出任何关于公司经营方面的决策时，不仅其个人背景特征（如教育背景、知识结构、专业技能、性别等）会对决策产生影响，其所处的社会网络关系也会影响他们的决策。相对于以高管为对象的其他学术研究，社会网络关系方面的研究较少，目前的研究集中于高管的政治关联方面。本章将管理层在不同上市公司的兼职行为所形成的网络关系（高管[①]联结关系）作为研究内容，以该社会网络关系的形成机理为研究视角，展开高管联结关系对公司业绩影响的实证研究。

4.2 文献综述

高管背景特征与公司业绩的研究方向比较早的是以高阶梯队理论的视角为出发点研究高管背景特征对公司业绩的影响（Hambrick and Mason, 1984），他们认为高管的背景特征可以预测部分公司业绩与公司经营策略选择。魏立群和王智慧（2002）通过研究发现，高管的年龄多样化以及教育背景多样化等人口特征指标对公司业绩有显著的正向影响。李春涛和孔笑微（2005）指出，高管的教育水平在经济水平较发达的地区对公司业绩的正面影响越显著。汪金龙和李创霏（2007）研究发现，高管的任期越长，其公司业绩水平越高，而高管的年龄越大，公司业绩水平越低；高管的教育程度越高，公司绩效水平越低。刘玉春（2012）以新三板上市公司为研究对象，发现高管特征中的年龄和教育水平与公司盈利水平负相关，说明在新三板上市公司中年龄与教育背景并不是决定此类公司业绩的重要因素。

① 高管：总经理、副总经理、董事长、CEO、财务负责人、董事会成员、监事会成员等。

高管薪酬激励与公司业绩的研究结论并不统一，主要分为两种观点：一是高管薪酬激励会提高公司业绩水平（Murphy，1985；李燕萍、孙红和张银，2008）；二是高管薪酬激励并没有发挥预期效果，对公司业绩水平的提高没有显著作用（李增泉，2000）。李燕萍、孙红和张银（2008）发现，高管年薪报酬与公司业绩呈显著正相关关系，高管持股对公司业绩的提高并不显著。Murphy（1985）研究发现，高管薪酬水平越高，公司业绩水平也越高。李增泉（2000）指出，高管报酬水平的高低与公司业绩水平并无关联，且由于高管持股比例低，因此股权激励并没有发挥作用。

关于公司董事会、监事会等与公司业绩的研究，其观点主要分为三种：一是董事会、监事会与公司业绩水平正相关（袁萍、刘士余和高峰，2008）；二是董事会、监事会与公司业绩水平呈负相关关系（Yermack，1996）；三是董事会、监事会与公司业绩无相关关系。袁萍等（2008）研究发现，董事会对公司业绩有显著影响，而监事会并无相关影响，文章指出独立董事比例越高、学历水平越高，其公司业绩水平越高。Yermack（1996）对1984~1991年的452家美国上市公司进行研究，发现董事会规模与公司业绩水平呈显著负相关关系。陈军和刘莉（2006）研究发现，公司业绩与董事会规模、两职合一以及董事会会议频率显著负相关。刘玉敏（2006）指出，董事会规模与公司业绩水平不存在显著的相关关系。

高管政治关联与公司业绩的研究观点主要有三种："掠夺之手""帮助之手"与没有影响。Goldman等（2009）通过对手工收集到的美国S&P500公司中有政治关联的样本公司的研究，发现当公司发布公告称董事会中的成员有政治关联时，市场反应为正；同时指出，当2000年共和党获得选举胜利时，与该党派存在政治关联的公司的公司价值增加，而与民主党存在政治关联的公司的公司价值降低。Faccio（2009）指出，当公司宣布一项新的政治关联存在时，该公司的价值增加。郑路航（2010）指出，具有政治关联的独立董事可以帮助提升公司业绩与公司价值。潘洪波等（2008）认为政治关联可以提高企业的并购绩效与公司价值。Faccio等（2006）通过对1997~2002年35个国家的450个获得政府金融支持的具有政治关联的公司进行研究，发现具有政治关联的公司比其他同类型公司更容易获得政府的金融支持；更进一步的研究发现，在获得金融支持的公司中，与没有政治关联的公司相比，有政治关联的公司的财务业绩表现更差。他们认为政治关联对资本分配具有一定的影响。邓建平和曾勇（2009）通过对2002~2006年我国民营企业的研究发现，政治关联与公司业绩呈显著负相关关系，也即越高程度的政治关联，伴随着越差的经营业绩。Faccio（2007）指出，与无政治关联的公司相比，有政治关联公司的业绩更差。邓新民（2011）发现，具有政治关联的企业多元化与公司业绩呈逆“L”形；而不存在政治关联的企业多元化与公司业绩呈倒“U”形。Bertrand等（2004）使用法国公司的数据研究发现，具有政治关联的公司其业绩水平越低，究其原因可能是该政治关联使得企业雇佣更多的员工，增加企业的负担。Fan等（2007）通过研究发现，政治关联对公司业绩没有明显的影响。贺子龙（2009）指出，政治关联与公司业绩无显著相关性，当区分国有与非国有企业后，作者发现在非国有企业中政治关联与公司业绩呈显著正相关关系。

关于高管联结与公司业绩的少数研究中，其研究结论也并不一致。Bazerman和Schoorman（1983）通过对高管联结不同模型的研究，发现协同效应、交易成本的降低以及获得更多的资源是影响并提高公司价值的主要因素。Mizruchi和Stearns（1988）通过对1956~1983年美国最大的22家工业企业的研究，发现偿债能力与盈利能力下降的公司伴随着与银行建立董事联结关系，从而以较低的利率获得企业所需的资金。Keiste（1998）通过对1988~1990年的40家集团公司中的535个成员公司进行研究，发现高管联结关系可以有效提高公司的财务业绩水平与生产效率。Cai和Sevilir（2012）将高管的联结关系分成了两大类（第一阶段的联结关系，并购方与目标企业共享一名董事；第二阶段的联结关系，并购方与目标方分别有一名董事在第三方公司任职），然后对这两类联结关系对公司的并购绩效的影响进行研究，发现两类联结关系都伴随着更高的并购绩效，但相对来讲，第二类联结关系的并购绩效更高；此外，作者提出高管联结关系可以提高公司的投资效率与公司价值。Larcker等（2013）指出，处于董事网络中心位置的公司，伴随着更高的股票回报与更高的未来资产回报增长率。作者证明了董事联结网络的数量越多，资源与信息将会通过该网络传递到公司中，从而提高公司业绩与公司价值。Horton 等（2013）以英国 4278 家上市公司为研究样本，建立了由 31495 名董事所形成的联结网络关系，通过研究发现，董事联结关系伴随着更高的高管报酬以及更高的未来公司业绩；作者没有发现管理层以及外部董事利用该联结关系寻租的证据。

Core、Holthausen 和 Lacker（1999）研究发现，繁忙的董事会伴随着低效率的公司治理情况，此时 CEO 的报酬水平更高，而公司业绩水平则更低。Ferris 等（2003）指出，并没有发现“繁忙”的董事对董事会的构成以及公司业绩表现有负面的影响。Fich 和 Shivdasani（2006）指出，当外部董事在三个以上的董事会任职时，往往伴随着更差的公司治理情况，通常这些公司的增长性、公司业绩更低以及更低的 CEO 轮换与业绩敏感性。Kuhnen（2009）建立了一个基金董事和管理基金的咨询公司之间的商业联结数据，发现基金董事会给予与他具有更多商业联结关系的咨询公司更优的投资组合管理合约，这一低效的偏袒行为恶化了代理问题，损害了基金投资者的利益，因此社会网络会降低基金治理效果以及基金业绩。Cashman 等（2012）通过研究发现董事的繁忙程度与公司业绩呈显著负相关关系。Fracassi 和 Tate（2012）通过对 S&P500 公司的研究，发现高管联结（CEO 与董事的联结）降低公司的价值，联结关系越多的公司，其并购绩效越低，同时指出，高管联结关系降低了董事会的监督效率。Andres 和 Lehmann（2013）对德国 2003~2006 年 133 家公司进行研究，发现董事联结关系紧密的公司（兼职越多的董事），由于董事会中的董事过于繁忙，导致监督效率低下，因此此类公司伴随着更低的公司业绩同时支付 CEO 更高的薪酬。

4.3　制度背景分析与研究假设

4.3.1　高管联结对公司业绩的影响分析

高管薪酬激励是提升公司业绩的主要途径之一，在高管薪酬激励方面的研究结果表明，薪酬激励并没有很好地发挥其作用。企业的高管可分为经营者与监督者，经营者主要负责公司的经营，实现股东利益的最大化；监督者主要职责是监督经营者，发挥公司治理的作用。综合以往的研究结论看，高管联结对公司业绩的影响究竟是正向的还是负向的，结论并不一致，且研究视角基本上集中于高管联结（或董事连锁）的直接经济后果的研究，如高管联结对大股东掏空、公司业绩、财务报告质量、企业并购绩效等方面的影响，鲜有针对高管联结的形成机理进行分析的研究。基于以上分析，本书从高管联结的形成机理作为研究的切入点，将高管按照个人属性特征之一——职务，分为三大类："经营圈""财务圈"以及"治理圈"高管，并按照高管的职务属性分类对高管联结也进行分类："经营圈""财务圈"以及"治理圈"高管联结。通过对高管联结形成机理的分析，本章对高管联结形成机理的特征对高管联结与公司业绩之间的关系中的影响进行了实证检验。

Fama（1980）、Fama 和 Jensen（1983）均提出外部董事的兼职市场是董事积累监管专家声誉的重要来源和激励动机。Fama 和 Jensen（1983）提出，外部董事之所以可以公正的监督管理层做出正确的经营决策的原因在于，外部董事受到了决策控制权市场的专家声誉的激励。外部董事所在公司的经营业绩与经营决策成为向外界传递其监督效率很好的信号之一；此外，获得的外部董事席位越多，意味着其在治理领域的专业能力更强，专家声誉更高。另外，当外部董事所在公司的经营决策出现问题或经营业绩惨淡时，向外界传递的信号则对外部董事不利，市场可能认为其监督不力或有可能与管理层合谋，对外部董事的专家声誉的损害非常大。许多研究将外部董事持有的董事职位数量作为董事在外部劳动市场的声誉的代理变量（Shivdasani，1993；Vafeas，1999；Brown and Maloney，1999）。虽然我国的职业经理人市场发展并不成熟，但从社会学的视角看，职业经理人市场可以视为一种由具有相似工作背景及工作能力较强的高管人员建立的关系网络。类似地，公司的管理层也会通过兼任其他公司的高管职位建立自己的声誉，从而在职业经理人市场这个“精英圈子”中成为一个重要的成员，得到“精英”们的认同。因此，当公司的管理层通过努力经营公司，提高公司业绩水平，向市场传递其经营专家的信号，继而兼任更多其他公司的高管职位进入并获得了“精英圈子”的认可后，管理层获得了声誉等社会资本以及社会地位，此外，管理层也获得了无忧的职业前景。对于已经具有专家声誉并获得“精英圈子”认可的管理层，如果其经营的公司业绩水平较低，则会向市场传递不良信号，损害其已经建立的专家声誉及社会资本，因此“经营圈”高管会努力经营公司，提高公司业绩水平。基于以上分析，提出本章的第一个假设：

假设 1：公司间的高管联结关系能够提高公司业绩的水平。

4.3.2　“经营圈”高管联结与公司业绩

公司的“经营圈”高管（如总经理、CEO 等）其主要负责公司的经营与决策；依据理性经济人理论与委托—代理理论，“经营圈”高管的目标是获得个人利益最大化，例如最大化的获得薪酬、获取更多社会资源的社会地位等。股东的目标则是公司利益最大化，“经营圈”高管与股东利益函数不一致，从而产生了委托—代理冲突。公司业绩水平的高低取决于“经营圈”高管的经营动机与经营能力。以下从“经营圈”高管的主观动机以及客观能力两个方面分析其对公司业绩的影响。

首先，从“经营圈”高管的经营动机为出发点分析，由于委托—代理冲突的存在，“经营圈”高管的经营动机有可能被其自利动机影响，虽然有一系列的薪酬以及股权、期权等相关的激励措施，但效果并不理想（李增泉，2000；潘红波，2009 等）。Coleman 等（1966）提出了行动者的行为与决策在受到社会中其他行动者的互相影响后，越发趋于一致。管理层的经营动机，会通过正式或非正式的信息与资源的沟通及交流渠道受到社会网络关系中其他成员的影响。依据社会资本理论，声誉是镶嵌在社会关系网络中的一项重要资源。声誉激励理论认为，在管理层没有建立一定的社会声誉时，其会通过在专业领域中提供严格、高效的服务来累积相关领域的声誉以及社会资本，另外，当管理层已经在某一领域建立了较高的社会声誉以及社会地位时，其失去已有的声誉以及社会地位的成本较高，因此，其会提供更加严格、高效的服务来维持现状。本书认为，声誉激励理论也适用于"经营圈"高管，当其不具备联结关系时，也即"经营圈"高管的声誉没有那么高时，他们为了获得更高的声誉以及社会地位，会更加努力经营公司，提供公司业绩水平，其目标函数与股东的目标函数一致——公司利益最大化；另外，当其拥有的联结关系较多时，其声誉以及社会地位已经足够可以维持其目前满意的状态时，为了维持现状，避免已有的声誉受损，"经营圈"高管的经营动机将以声誉激励为主导，而不会被自利动机所影响，此时其目标函数与股东的目标函数一致。

其次，从"经营圈"高管的客观经营能力分析，对于公司"经营圈"高管来说，高管联结网络中镶嵌着丰富的与公司经营相关的信息及资源，可以为"经营圈"高管做出高效经营决策提供有效依据，从而提高公司的业绩水平。另外，高管联结网络关系提高了信息沟通渠道及"学习效应"，"经营圈"高管可以通过高管联结网络提供信息传递渠道或是通过处于网络中其他高管的正式及非正式的沟通交流获得其他公司提高经营业绩的途径，进而通过效仿或学习其他公司提高公司业绩的经营策略及方法，提高本公司的业绩水平。此外，具有联结关系的"经营圈"高管普遍都是相关领域的专家，因此其具有提高公司业绩的个人能力。基于以上分析，提出本章的第二个假设：

假设 2：与其他职业背景形成的高管联结关系相比，由"经营圈"形成的高管联结关系，伴随着更好的公司业绩。

4.3.3 "财务圈"高管联结与公司业绩

"财务圈"的高管，主要指公司中财务工作相关的高管（财务总监、总会计师等），要求相关高管具有很强的专业知识背景与丰富的业务处理经验。"财务圈"高管主要负责公司日常的财务相关工作，为公司的"经营圈"高管提供经营决策所需的财务信息，从而间接地影响公司的业绩水平，以下我们从主观动机和客观能力两个方面分析"财务圈"高管联结对公司业绩的影响。

首先，从主观动机看，虽然不同公司所涉及的经营业务千差万别，但公司的财务工作相对而言差异较小，因此，"财务圈"高管的能力以及业绩水平在其"圈子"中或财务领域中更容易获得认可。依据声誉假说理论，"财务圈"高管可以通过较好的公司业绩向外部间接传递其专家的信号，并逐渐积累其专家声誉、提高其社会地位并有助于其获得更多的兼职机会。而对于已经在专业领域中建立了良好声誉的"财务圈"高管而言，为了避免公司业绩水平差带来的间接的不利影响，也会积极参与提高公司的业绩水平。

其次，从客观能力看，公司的财务工作相对于经营工作较为单一并且都需依据统一的财务制度以及会计准则进行。因此，不同公司间的财务工作差异较小，"财务圈"的高管在其他公司兼任职位时，不论是"经营圈""治理圈"还是"财务圈"，都可以将其在本公司积累的财务方面的学识与经验运用到工作中，丰富的财务工作经验可以有效地提高资金运转效率，从而提高公司的业绩水平。此外，"财务圈"高管可以通过高管联结关系网络获取镶嵌在网络中的提高公司业绩水平的资源，并且利用学习效应吸取其他公司的经验，提高财务工作效率，进而提高公司业绩水平。基于以上分析，提出本章的第三个假设：

假设 3：与其他职业背景形成的高管联结关系相比，由"财务圈"形成的高管联结关系，伴随着更好的公司业绩。

4.3.4 “治理圈”高管联结与公司业绩

公司的“治理圈”高管（如独立董事、外部董事、监事等）主要负责监督公司管理层做出的经营决策等行为，另外需要提出各项有效的公司治理的机制，可以有效统一股东与管理层的目标函数，缓解委托—代理矛盾，提高相关的监督效率，从而提升公司业绩并增加公司价值。委托代理理论认为，由于所有权与经营权的分离，管理层与股东之间的信息不对称，导致了管理层的自利行为，以损耗股东利益为代价，实现个人目标，而目前的公司治理机制中，只能尽可能地将管理层与股东的利益函数趋于一致。然而，不断曝出的财务舞弊案件以及各种各样的为了达到薪酬合约约定而产生的各种盈余管理的手段，可以发现相关的公司治理机制的治理效果并不理想。基于以上分析，“治理圈”高管的公司治理效率的高低与公司业绩水平的好坏紧密相关。因此，针对“治理圈”高管的治理动机与治理能力的分析就非常必要。

首先，从动机看，依据声誉激励假说理论，“治理圈”高管为了保持自身已有的社会声誉，会尽职监督管理层的经营决策行为，提高治理效率，从而增加公司价值。从声誉假说的另一个角度看，当公司的“治理圈”高管的声誉积累还没有达到一定程度时，“治理圈”高管会提供较严格的监督，促使公司的管理层提高公司业绩水平与公司价值，向外部市场传递“治理圈”高管的监督效率较高的信号，作为其将来获得更多兼任职位的有利条件，从而积累更多的社会资本，获得更高的声誉。因此，依据声誉假说理论，“治理圈”高管为了积累专家声誉以及社会资本，会提供较为严格的监督，促使经营管理层提高公司业绩。

其次，从“治理圈”高管的客观治理能力来分析。公司的“治理圈”高管主要由独立董事、监事构成，其成员主要是相关领域的学者及专家，如资深的注册会计师、法律工作者、学者等。因此，公司的“治理圈”高管具备相关的治理能力。此外，由于高管联结形成的网络关系结构中镶嵌着丰富的与公司治理相关的信息资源，“治理圈”高管可以获得有效的信息资源，提高公司治理效率，进而提高公司业绩水平。另外，高管联结关系网络提供了信息沟通渠道及学习效应，“治理圈”高管可以通过与网络中的其他成员进行正式或非正式的交流及沟通，或者通过学习网络中其他公司的治理措施提高本公司的治理效率，有助于提高公司业绩水平。基于以上分析，“治理圈”高管所形成的高管联结关系，可以为公司提供更有效率的监督，促使经营层做出高效的经营决策，从而提高公司业绩水平基于以上的分析，提出本章的第四个假设：

假设 4：与其他职业背景形成的高管联结关系相比，由“治理圈”高管形成的联结关系，伴随着更好的公司业绩。

当董事职位的数量与董事声誉等社会资本紧密相关时，一些学者的研究认为，持有董事职位越多会提高其监督效率，从而提高公司的业绩表现（Larcker et al.，2013；Horton et al.，2013）。Larcker 等（2013）指出，处于董事网络中心位置的公司，伴随着更高的股票回报与更高的未来资产回报增长率。作者证明了董事联结网络的数量越多，资源与信息将会通过该网络传递到公司中，从而提高公司业绩与公司价值。当公司高管的兼任职位越多，意味着高管可以获得更多的社会网络中镶嵌的社会资本。另外，兼任职位越多就代表高管的社会声誉越高。在这种情形下，公司的高管如果因为经营低效或监督不力而导致的社会声誉降低的成本将会很高，因此高管为了维护其已经建立的社会地位以及社会声誉，会尽职发挥经营与监督的职能，从而保持公司业绩的稳定增长。因此，高管建立的联结数量越多，其经营公司和治理公司的效率越高，公司的业绩表现越好。基于此，提出本章的第五个假设：

假设 5：高管联结关系数量越多的公司，公司业绩越好。

假设 5a：与其他“圈子”形成的高管联结关系相比，“经营圈”高管联结关系的数量越多，公司业绩越好。

假设 5b：与其他“圈子”形成的高管联结关系相比，“治理圈”高管联结关系的数量越多，公司业绩越好。

假设 5c：与其他“圈子”形成的高管联结关系相比，“财务圈”高管联结关系的数量越多，公司业绩越好。

4.4 研究设计

4.4.1 公司业绩的衡量

借鉴 Firth 等（2002）等学者的研究，我们用总资产收益率（ROA）、经行业中位数调整后的总资产收益率（ROA_ADJ）作为公司业绩的代理变量。由于我国资本市场存在较大噪声，本章将市场业绩作为辅助验证的变量进行分析。依据 Fich 和 Shivdasani（2006）以市场价值与账面价值（MB）之比作为公司业绩的代理变量，其中 MB 是由年末时公司权益的市场价值加上公司资产与权益的账面价值之差，然后除以年末公司资产的账面价值。因为公司的业绩表现也会受到未来投资机会的影响，所以使用 MB 作为公司业绩的代理变量可以将公司未来投资机会对公司业绩的影响也加以考虑。在稳健性检验中，本书将借鉴部分学者的研究，使用总资产销售收入率（ROS）以及经行业中位数调整后的总资产销售收入率（ROS_ADJ）作为公司业绩变量的替代指标进一步检验实证研究结果的稳定性。

4.4.2 模型及变量定义

依据以往对于公司业绩的影响因素的研究，本书构建如下模型：

$$PERFM_{i,t} = \alpha_0 + \alpha_1 INTERLOCK + \sum Controls + \sum ind + \sum year + \varepsilon_{i,t} \tag{4-1}$$

$$PERFM_{i,t} = \alpha_0 + \alpha_1 INTERLOCK\_OPRT + \sum Controls + \sum ind + \sum year + \varepsilon_{i,t} \tag{4-2}$$

$$PERFM_{i,t} = \alpha_0 + \alpha_1 INTERLOCK\_GOV + \sum Controls + \sum ind + \sum year + \varepsilon_{i,t} \tag{4-3}$$

$$PERFM_{i,t} = \alpha_0 + \alpha_1 INTERLOCK\_FIN + \sum Controls + \sum ind + \sum year + \varepsilon_{i,t} \quad (4-4)$$

本章通过模型（4–1）检验假设 1，高管联结关系与公司业绩之间的关系，同时构建了模型（4–2）、模型（4–3）以及模型（4–4）检验高管联结的不同“圈子”对公司业绩的影响是否一致，进而分析其影响公司业绩的路径。其中 PERFM 为公司业绩，主要由 ROA、ROA_ADJ、MB 作为公司业绩的代理变量，ROS 以及 ROS_ADJ 在稳健性检验中作为公司业绩的代理变量。

$$PERFM_{i,t} = \alpha_0 + \alpha_1 INTERLOCK\_NUM + \sum Controls + \sum ind + \sum year + \varepsilon_{i,t} \quad (4-5)$$

$$PERFM_{i,t} = \alpha_0 + \alpha_1 INTERLOCK\_NUM + \alpha_3 INTERLOCK\_NUM \times INTERLOCK\_OPRT + \alpha_4 INTERLOCK\_OPRT + \sum Controls + \sum ind + \sum year + \varepsilon_{i,t} \quad (4-6)$$

$$PERFM_{i,t} = \alpha_0 + \alpha_1 INTERLOCK\_NUM + \alpha_3 INTERLOCK\_NUM \times INTERLOCK\_GOV + \alpha_4 INTERLOCK\_GOV + \sum Controls + \sum ind + \sum year + \varepsilon_{i,t} \quad (4-7)$$

$$PERFM_{i,t} = \alpha_0 + \alpha_1 INTERLOCK\_NUM + \alpha_3 INTERLOCK\_NUM \times INTERLOCK\_FIN + \alpha_4 INTERLOCK\_FIN + \sum Controls + \sum ind + \sum year + \varepsilon_{i,t} \quad (4-8)$$

本章通过模型（4–5）检验假设 5，高管联结关系的数量对公司业绩的影响，并通过模型（4–6）、模型（4–7）以及模型（4–8）检验了不同的“圈子”随着联结数量的增加，其对公司业绩的影响是否一致。其中 PERFM 为公司业绩，主要由 ROA、ROA_ADJ、MB 作为公司业绩的代理变量，ROS 以及 ROS_ADJ 在稳健性检验中作为公司业绩的代理变量，如表 4–1 所示。

在模型的设计中，本章控制了可能影响公司业绩水平的公司治理特征相关的因素：董事会规模、外部董事比例、第一大股东持股比例、两职合一、高管薪酬以及高管持股。同时模型中也控制了公司特征可能会影响公司业绩

表 4-1　变量定义

变量名称	符号	变量定义
公司业绩 (PERFM)	ROA	第 t 年总资产收益率（净利润/平均总资产）
	ROA_ADJ	第 t 年经行业中位数调整后的总资产收益率（净利润/平均总资产）
	MB	t 年末时公司权益的市场价值加上公司资产与权益的账面价值之差，然后除以年末公司资产的账面价值
高管联结	INTERLOCK	虚拟变量，当高管存在联结关系时，取值为 1，当高管不存在联结关系时，取值为 0
高管联结的数量	INTERLOCK_NUM	公司间高管存在联结关系的数量
由经营圈建立的高管联结关系	INTERLOCK_OPRT	虚拟变量，高管联结关系是由“经营圈”的高管建立的，取值为 1，如总经理、CEO、副总经理等；其他取值为 0
由治理圈建立的高管联结关系	INTERLOCK_GOV	虚拟变量，高管联结关系是由“治理圈”的高管建立的，取值为 1，如独立董事、外部董事、监事等；其他取值为 0
由财务圈建立的高管联结关系	INTERLOCK_FIN	虚拟变量，高管联结关系是由“财务圈”的高管建立的，取值为 1，如财务总监、总会计师、会计总监等；其他取值为 0
董事会规模	BOARDSIZE	t 年末公司董事会的人数
外部董事比例	OUTSIDE_DIRECTOR	t 年末公司独立董事占董事会人数的比例
第一大股东持股比例	BLOCK	t 年末公司第一大股东持股比例
两职合一	DUAL	虚拟变量，t 年末董事长和总经理为同一个人，取值为 1，否则取值为 0
高管薪酬	M_PAY	t 年末，高管薪酬总额的自然对数
高管持股	M_SHARE	t 年末，高管持股比例
公司规模	SIZE	t 年末，公司资产价值的自然对数
财务杠杆	LEV	t 年末，公司的财务杠杆比例，资产总额/负债总额
亏损	LOSS	虚拟变量，t 年末，公司的净利润小于 0，取值 1，大于 0，取值 0
公司年限	AGE	公司的上市年限

水平的因素：公司规模、财务杠杆水平、公司年限、行业及年份的影响。

4.4.3 样本及数据

本书选取 2002~2014 年的高管联结数据以及公司财务数据作为研究样本，考察高管联结关系对公司业绩的影响。本书剔除了金融行业公司样本、公司高管资料缺失样本以及财务信息不全的公司样本，共获得 16409 个公司/年份观测值（因为涉及不同变量缺失值不同，因此在不同的模型中进入回归模型的样本量存在差异）。数据来源于 Csmar 及 Wind 数据库，对于公司高管资料的数据，Csmar 介绍不全面的，由新浪财经的数据对照补充完整。

对于高管联结的数据，本书从国泰安数据库中获得上市公司高管个人资料信息，其中包括高管的任职等相关信息。通过对数据的处理，我们发现高管重名重姓的情况比较多，因此为了确定高管联结的真实性，需要对全部高管数据进行处理，将重名重姓但不是同一个人的数据删除，最终得到真实的高管的网络关系数据。然后将每个高管赋予不同的 ID 编号，构建高管的网络关系矩阵，通过进一步数据处理得到高管联结的代理变量。

4.5 实证研究结果分析

4.5.1 描述性统计

表 4-2 是本章涉及变量的描述性统计的结果。高管联结关系的代理变量为 INTERLOCK，经过手工筛选加工后，得到 2002~2014 年共 16409 家上市公司通过高管兼职的形式具有联结关系，其中联结关系数量的均值为 6.823，最大值为 23，表明具有高管联结关系的公司中，平均每家公司通过高管的兼任职务行为与 6.823 家公司建立了联结关系，最多的有 23 家公司，最少为 0

个联结关系。INTERLOCK_OPRT 的均值为 0.181 家，意味着联结公司中平均 18.1%是由经营层的高管建立的，最小值为 0，最大值为 1。INTERLOCK_GOV 的均值为 0.693，表示联结公司中 69.3%的是由治理监督层的高管建立的，最小值为 0，最大值为 1。INTERLOCK_FIN 的均值为 0.004，表示联结公司中有 0.4%的是由财务会计职位相关的高管建立的。通过以上分析发现，高管联结网络关系的形成机理不同，公司间的联结关系的性质也不同。

表 4–2　描述性统计

变量名称	观测值	中位数	均值	最小值	最大值	标准差
ROA	16409	0.032	0.031	–0.290	0.268	0.068
ROA_ADJ	16409	–0.007	–0.010	–0.334	0.218	0.068
MB	16409	1.793	2.352	0.851	11.810	1.769
SIZE	16409	21.581	21.659	18.623	25.481	1.232
LEV	16409	0.496	0.498	0.064	1.463	0.235
LOSS	16409	0.000	0.112	0.000	1.000	0.316
AGE	16409	16.000	14.632	0.000	23.000	5.549
INTERLOCK	16409	1.000	0.884	0.000	1.000	0.320
INTERLOCK_NUM	16409	6.000	6.823	0.000	23.000	5.253
INTERLOCK_OPRT	16409	0.000	0.181	0.000	1.000	0.385
INTERLOCK_GOV	16409	1.000	0.693	0.000	1.000	0.461
INTERLOCK_FIN	16409	0.000	0.004	0.000	1.000	0.059
BLOCK（%）	16409	35.500	37.393	9.030	77.830	15.804
M_PAY	16409	2762050	3802435	297000	2.19E+07	3611306
DUAL	16409	0.000	4.84E–05	0.000	1.000	0.007
BOARDSIZE	16409	10.000	10.683	4.000	19.000	2.458
OUTSIDE_DIRCTOR	16409	0.333	0.337	0.059	0.545	0.070
M_SHARE	16409	0.000	6.54E–08	0.000	5.43E–06	5.78E–07

4.5.2　相关系数分析

表 4-3 是公司间的高管联结关系以及不同的“圈子”与公司业绩之间的相关系数分析。通过相关系数的分析，发现公司间的高管联结关系（INTERLOCK）与公司业绩呈显著正相关关系（与 MB 呈显著负相关关系可能是由于我国资本市场表现的不稳定造成的）；由高管兼职形成的公司间联结关系的数量（INTERLOCK_NUM）与公司业绩之间呈显著正相关关系，表明公司的联结数量越多，公司业绩越好。由公司的经营层高管兼任职位形成的公司间的联结关系（INTERLOCK_OPRT）与公司业绩呈正相关关系，但并不显著，不支持假设 2。由公司的监督治理层高管兼任职位形成的公司间的联结关系（INTERLOCK_GOV）与公司业绩呈显著正相关关系。由公司的财务层高管兼任职位形成的公司间的联结关系（INTERLOCK_FIN）与公司业绩呈显著正相关关系。以上分析说明，通过对高管联结关系的形成机理进行分析，发现不同的“圈子”对公司业绩的影响不同。总体来说，相关系数的分析表明，假设 1、假设 3、假设 4、假设 5 得到了初步的验证，但假设 2 没有得到支持，同时证明了高管联结关系的形成机理对公司业绩存在不同的影响。

4.5.3　单变量检验分析

表 4-4 是单变量差异检验结果。从公司业绩指标看，有高管联结关系的公司与无高管联结关系公司的业绩差异均较显著，并且有高管联结关系的样本公司的业绩均值在 1%的显著水平下要高于无高管联结关系的公司，验证了假设 1。从公司特征看，有高管联结关系公司的规模、财务杠杆水平、应收账款回收效率都显著高于无高管联结关系的样本公司。从公司治理特征的角度看，有高管联结关系公司的股权集中度、管理层持股水平、管理层报酬水平、董事会规模以及独立董事比例均显著高于无高管联结关系的样本公司。从以上的分析结果可以看出，高管联结关系对公司业绩、公司特征以及公司治理水平都有一定的影响。当然从内生性的角度看，也有另外一种解释，在稳健性检验中进一步分析。

表 4-3 主要变量相关系数分析

	ROA	ROA_ADJ	MB	INTERLOCK	INTERLOCK_NUM	INTERLOCK_OPRT	INTERLOCK_GOV	INTERLOCK_FIN
ROA	1	0.937***	0.312***	0.035***	0.041***	0.002	0.019**	0.014
ROA_ADJ	0.980***	1	0.227***	0.044***	0.065***	0.004	0.022**	0.019**
MB	0.135***	0.092***	1	–0.032***	–0.098***	–0.036***	0.011	–0.001
INTERLOCK	0.044***	0.049***	–0.033***	1	0.539***	0.164***	0.530***	0.020**
INTERLOCK_NUM	0.058***	0.074***	–0.081***	0.461***	1	0.189***	0.194***	0.033***
INTERLOCK_OPRT	0.002	0.004	–0.027***	0.164***	0.196***	1	–0.720***	–0.027***
INTERLOCK_GOV	0.023***	0.024***	0	0.530***	0.134***	–0.720***	1	–0.088***
INTERLOCK_FIN	0.020**	0.022**	0.017**	0.020**	0.032***	–0.027***	–0.088***	1

注：***、**、* 分别表示在 1%、5%、10%的水平上显著；左下角为 Pearson 相关系数，右上角为 Spearman 秩相关系数。

表 4-4　单变量差异检验结果

变量		无高管联结关系样本组		有高管联结样本组		T 检验	Z 检验
		均值	标准差	均值	标准差		
业绩指标	ROA	0.024	0.076	0.033	0.065	-4.495***	-4.040***
	ROA_ADJ	-0.018	0.075	-0.008	0.065	-5.100***	-5.117***
	MB	2.423	1.794	2.251	1.601	3.487***	3.705***
公司特征	SIZE	21.225	1.039	21.807	1.230	-19.709***	-17.556
	LEV	0.494	0.268	0.493	0.228	0.092	-1.792*
	LOSS	0.135	0.342	0.110	0.312	2.769***	2.975***
公司治理	BLOCK（%）	35.537	15.395	36.883	15.654	-3.140***	-3.255***
	M_SHARES	4.16e-08	4.59e-07	7.13e-08	6.03e-07	-2.241**	-1.790*
	M_PAY	2426204	2281841	3920261	3573964	-21.908***	-20.324***
	AGE	14.477	5.694	14.263	5.727	1.352	1.361
	BOARDSIZE	9.626	2.052	10.908	2.513	-21.894***	-18.522***
	OUTSIDE_DIRECTOR	0.338	0.059	0.349	0.068	-6.749***	-5.573***

注：***、**、* 分别表示在 1%、5%、10%的水平上显著；T 检验为单侧 T 检验，Z 检验为 Mann-Whitney 非参数检验。

表 4-5 报告了高管联结关系形成的不同“圈子”与公司业绩间的单变量差异检验分析。本书将公司间的联结关系按照不同职位的高管联结形成的“圈子”，分为“经营圈”“治理圈”以及“财务圈”，与之对应的则是非“经营圈”非“治理圈”以及非“财务圈”。通过表 4-5 的结果，发现“经营圈”与非“经营圈”的公司业绩水平差异不明显，不支持假设 2；而“财务圈”与非“财务圈”的公司业绩水平差异较大，“财务圈”公司业绩的均值在 1%~5%的显著性水平上都高于非“财务圈”公司的业绩水平，支持假设 3；“治理圈”与非“治理圈”的公司业绩水平差异也不明显，不支持假设 4。以上结果说明，不同的高管联结关系的形成机理对公司业绩的影响水平不同。

表 4-5 不同“圈子”单变量差异结果检验

变量		非“经营圈”		“经营圈”		T 检验	Z 检验	非“治理圈”		“治理圈”		T 检验	Z 检验	非“财务圈”		“财务圈”		T 检验	Z 检验
		均值	标准差	均值	标准差			均值	标准差	均值	标准差			均值	标准差	均值	标准差		
业绩指标	ROA	0.034	0.065	0.033	0.064	0.671	0.485	0.033	0.065	0.033	0.065	0.046	-0.064	0.033	0.065	0.056	0.079	-1.882*	-1.486
	ROA_ADJ	-0.008	0.065	-0.008	0.064	0.480	0.359	-0.008	0.064	-0.008	0.065	0.247	0.258	-0.008	0.065	0.016	0.075	-2.111**	-2.140**
	MB	2.270	1.616	2.176	1.540	2.675***	3.583***	2.185	1.571	2.269	1.609	-2.400**	-3.853***	2.250	1.60	2.748	2.468	-1.356	0.107

注：***、**、* 分别表示在 1%、5%、10%的水平上显著；T 检验为单侧 T 检验，Z 检验为 Mann-Whitney 非参数检验。

4.5.4　回归分析

表 4-6 报告了模型（4-1）至模型（4-4）的实证研究回归结果。通过对结果的分析我们可以发现，在控制了公司特征（规模、财务状况、上市年限）以及治理特征（高管薪酬、高管持股水平、两职合一、大股东持股等）后，主要检验了高管联结关系与公司业绩的相关关系。不同的公司业绩的代理变量，二者之间相关系数的显著程度不同，但总体上高管联结与公司业绩均呈正相关关系，表明高管联结可以提高公司业绩水平。具体而言，当公司业绩的代理变量为 ROA 以及 ROA_ADJ 时，INTERLOCK 的系数是 5%水平下的显著正相关（(0.003**，2.22)，(0.003**，2.18)）。当公司业绩的代理变量为 MB 时，INTERLOCK 的系数是 5%水平下的显著正相关（0.073**，2.00），表明公司间的高管联结关系可以有效提高考虑到未来投资机会的公司业绩水平。以上结果说明，公司间的高管联结关系与公司业绩呈显著正相关关系，支持假设 1，表明公司间的高管联结关系可以提高公司业绩。

表 4-6　高管联结与公司业绩

VARIABLES	(1) ROA	(2) ROA	(3) ROA_ADJ	(4) ROA_ADJ	(5) MB	(6) MB
INTERLOCK	0.003** (2.22)		0.003** (2.18)		0.073** (2.00)	
INTERLOCK_OPRT		0.003* (1.76)		0.003* (1.67)		0.112*** (2.59)
INTERLOCK_FIN		0.017** (2.48)		0.017** (2.48)		1.142*** (5.88)
INTERLOCK_GOV		0.003** (2.19)		0.003** (2.17)		0.063* (1.69)
SIZE	0.001* (1.86)	0.001* (1.77)	0.001** (2.12)	0.001** (2.03)	−0.762*** (−63.43)	−0.765*** (−63.68)
LEV	−0.074*** (−38.39)	−0.074*** (−38.39)	−0.075*** (−38.43)	−0.075*** (−38.43)	0.285*** (5.18)	0.289*** (5.25)
LOSS	−0.116*** (−87.40)	−0.116*** (−87.38)	−0.116*** (−86.78)	−0.116*** (−86.75)	−0.030 (−0.80)	−0.029 (−0.77)

续表

VARIABLES	(1) ROA	(2) ROA	(3) ROA_ADJ	(4) ROA_ADJ	(5) MB	(6) MB
BLOCK	0.000*** (4.87)	0.000*** (4.87)	0.000*** (4.52)	0.000*** (4.52)	0.006*** (8.05)	0.006*** (8.06)
M_SHARE	-583.826 (-0.88)	-576.541 (-0.87)	-545.875 (-0.82)	-536.382 (-0.81)	205.465 (0.01)	-555.978 (-0.03)
M_PAY	0.000*** (17.81)	0.000*** (17.80)	0.000*** (17.70)	0.000*** (17.69)	0.000*** (17.99)	0.000*** (17.96)
AGE	-0.000* (-1.94)	-0.000** (-1.97)	-0.000** (-2.50)	-0.000** (-2.53)	0.014*** (6.17)	0.014*** (5.93)
BOARDSIZE	-0.002 (-1.09)	-0.002 (-1.10)	-0.002 (-1.07)	-0.002 (-1.09)	0.020*** (4.33)	0.020*** (4.33)
OUTSIDE_DIRECTOR	0.005 (0.87)	0.005 (0.80)	0.006 (1.03)	0.006 (0.95)	0.646*** (3.74)	0.683*** (3.94)
DUAL	-0.099** (-2.20)	-0.099** (-2.20)	-0.100** (-2.22)	-0.100** (-2.23)	1.198 (0.94)	1.208 (0.95)
Constant	0.077*** (8.02)	0.078*** (8.11)	0.010 (1.05)	0.011 (1.15)	19.053*** (69.40)	19.110*** (69.61)
Observations	13437	13437	13437	13437	13437	13437
R-squared	0.631	0.631	0.543	0.543	0.791	0.791
P-value	0	0	0	0	0	0

通过对研究结果的分析可以发现，不同的高管“圈子”形成的联结关系对公司业绩的影响存在显著的差异，当公司业绩的代理变量为 ROA、ROA_ADJ 和 MB 时，INTERLOCK_OPRT 与公司业绩的相关系数（(0.003*，1.76)，(0.003*，1.67)，(0.112***，2.59)），说明公司“经营圈”所形成的公司间的联结关系与公司业绩之间为 1%~10%水平上的显著正相关关系。INTERLOCK_FIN 与公司业绩的相关系数为（(0.017**，2.48)，(0.017**，2.48)，(1.142***，5.88)），说明公司“财务圈”所形成的公司间高管联结关系对公司业绩在显著性水平为 1%~5%的水平上呈正相关关系。INTERLOCK_GOV 与公司业绩的相关系数为（(0.003**，2.19)，(0.003**，2.17)，(0.063*，1.69)），说明公司“治理圈”所形成的公司间的高管联结关系与

公司业绩在 5%~10%的水平下呈显著正相关关系，以上实证结果表明支持假设 2、假设 3 与假设 4。

从公司特征代理变量的回归结果看，公司规模与公司业绩在 1%~10%的水平上呈显著正相关关系，而公司的财务杠杆、亏损、上市年限则在 1%~10%的水平上呈显著负相关关系。从公司治理特征的代理变量的回归结果来看，高管薪酬与公司业绩在 1%的水平上呈显著正相关关系，而高管持股比例与公司业绩水平负相关，但并不显著，意味着高管股权激励并没有发挥其应有的作用。另外，两职合一，即董事长和总经理为同一人的情况与公司业绩在 1%~5%的水平上呈显著负相关关系，说明两职合一对公司业绩的提高有阻碍作用。董事会规模与公司业绩在 10%的水平上呈显著负相关关系；外部董事比例与公司业绩呈正相关关系，但并不显著，说明外部董事通过提高公司治理效率，从而提高公司业绩水平。

表 4-7 是模型（4-5）至模型（4-8）的实证研究回归结果。通过对高管联结的数量与公司业绩回归结果的分析，可以发现，当公司业绩的代理变量为 ROA 以及 ROA_ADJ 时，公司间通过高管兼任职位建立的联结关系的数量与公司业绩在 5%的水平上呈显著正相关关系（(0.001*，1.67)，(0.001**，1.91)）。当公司业绩的代理变量为 MB 时，公司间的高管联结关系数量与公司业绩之间的相关系数为（0.007***，3.08）。以上的研究结果表明，高管联结不仅可以提高公司的业绩水平，而且高管联结关系的数量越多，公司业绩水平提升得越高，假设 5 得到了验证。

表 4-7　高管联结数量与公司业绩

VARIABLES	(1) ROA	(2) ROA	(3) ROA_ADJ	(4) ROA_ADJ	(5) MB	(6) MB
INTERLOCK_NUM	0.001* (1.67)	0.001** (1.97)	0.001** (1.91)	0.001** (2.05)	0.007*** (3.08)	0.007*** (2.68)
INTERLOCK_OPRT		0.003 (1.24)		0.002 (1.10)		0.089* (1.66)
INTERLOCK_GOV		0.002 (1.49)		0.002 (1.30)		−0.028 (−0.76)

续表

VARIABLES	(1) ROA	(2) ROA	(3) ROA_ADJ	(4) ROA_ADJ	(5) MB	(6) MB
INTERLOCK_FIN		0.030** (2.08)		0.029** (2.01)		1.558*** (3.85)
INTERLOCK_NUM× INTERLOCK_OPRT		−0.001* (−1.84)		−0.001* (−1.86)		−0.006 (−1.07)
INTERLOCK_NUM× INTERLOCK_GOV		−0.001* (−1.74)		−0.001* (−1.73)		−0.001 (−0.14)
INTERLOCK_NUM× INTERLOCK_FIN		−0.002 (−1.58)		−0.002 (−1.52)		−0.050 (−1.38)
SIZE	0.001* (1.86)	0.001* (1.70)	0.001* (1.84)	0.001* (1.93)	−0.764*** (−63.05)	−0.767*** (−63.35)
LOSS	−0.116*** (−87.25)	−0.116*** (−87.34)	−0.116*** (−86.65)	−0.116*** (−86.71)	−0.027 (−0.72)	−0.027 (−0.73)
LEV	−0.074*** (−38.21)	−0.074*** (−38.38)	−0.075*** (−38.22)	−0.075*** (−38.41)	0.289*** (5.26)	0.290*** (5.27)
BLOCK	0.000*** (4.87)	0.000*** (4.90)	0.000*** (4.16)	0.000*** (4.55)	0.006*** (7.99)	0.006*** (8.08)
M_SHARE	−584.656 (−0.81)	−584.656 (−0.89)	−544.631 (−0.79)	−544.728 (−0.82)	290.289 (0.02)	−911.186 (−0.05)
M_PAY	0.000*** (17.52)	0.000*** (17.67)	0.000*** (17.02)	0.000*** (17.54)	0.000*** (17.72)	0.000*** (17.74)
AGE	−0.000** (−2.01)	−0.000** (−2.03)	−0.000*** (−2.59)	−0.000*** (−2.62)	0.013*** (5.81)	0.013*** (5.67)
BOARDSIZE	−0.000 (−1.53)	−0.000 (−1.57)	−0.000* (−1.71)	−0.000* (−1.75)	0.138** (2.56)	0.017*** (3.56)
OUTSIDE_DIRECTOR	0.005 (0.75)	0.005 (0.78)	0.005 (0.72)	0.005 (0.89)	0.622*** (3.58)	0.643*** (3.70)
DUAL	−0.099** (−2.19)	−0.099** (−2.20)	−0.100** (−2.19)	−0.100** (−2.21)	1.247 (0.98)	1.241 (0.97)
Constant	0.081*** (8.09)	0.080*** (7.93)	0.014 (1.40)	0.013 (1.31)	19.264*** (67.95)	19.282*** (67.68)
Observations	13437	13437	13437	13437	13437	13437
R−squared	0.631	0.631	0.543	0.543	0.791	0.791
P−value	0	0	0	0	0	0

本章还分析了公司高管不同的“圈子”所形成的联结，随着高管联结数量的增加，对公司业绩的影响程度是如何变化的。当公司业绩的代理变量为 ROA 以及 ROA_ADJ 时，INTERLOCK_NUM×INTERLOCK_OPRT（(-0.001*，-1.84)，(-0.001*，-1.86)）为高管联结数量与高管联结“经营圈子”的交互项，表明当公司间的联结关系是由“经营圈”的高管联结建立时，联结数量与公司业绩之间在 10%的水平上呈显著负相关关系。该结果说明，虽然公司间的高管联结关系的数量越多，提高公司业绩的水平也越高，但对于由“经营圈”高管建立的联结关系而言，联结数量越多，业绩水平越差，这样的结果可能是由于繁忙的“经营圈”高管，其精力有限，联结数量越多，“经营圈”高管越繁忙，经营公司的效率越低，从而公司业绩越差。INTERLOCK_NUM×INTERLOCK_GOV（(-0.001*，-1.74)，(-0.001*，-1.73)）为高管联结数量与“治理圈”的交互项，表明当公司间的联结关系是由“治理圈”的高管联结建立时，联结数量与公司业绩在 10%的水平上呈显著负相关关系。该结果表明，与其他圈子的联结关系相比，“治理圈”高管联结数量越多，公司业绩水平越差，意味着“治理圈”的高管兼任职位形成的公司间的联结关系，可能会随着“治理圈”高管的兼任职位的增加，繁忙的“治理圈”高管降低了公司的治理效率，从而降低了公司的业绩水平。INTERLOCK_NUM×INTERLOCK_FIN（(-0.002，-1.58)，(-0.002，-1.52)）为高管联结数量与“财务圈”高管的交互项，表明当公司间的联结关系是由“财务圈”的高管联结建立时，联结数量与公司业绩呈负相关关系，但并不显著。该结果与“经营圈”和“治理圈”的结果不同，虽然“财务圈”的联结数量对公司业绩也会产生影响，但并不会像其他“圈子”的影响那么显著。而当公司业绩的代理变量为 MB 时，“经营圈”“财务圈”与“治理圈”高管联结与高管联结数量之间的交互项与 MB 均呈负相关关系，但并不显著。

依据高管联结数量与公司业绩之间的实证研究结果看，首先，公司间的高管联结数量越多，公司业绩水平越高，支持假设 5。其次，将高管联结数量与高管联结关系的形成机理结合起来分析其对公司业绩的影响时，我们发现“经营圈”“治理圈”以及“财务圈”高管联结关系的数量与公司业绩之间呈负相关关系，表明虽然高管联结关系可以有效提高公司的业绩水平，但该联结关系并不是越多越好，随着联结关系数量的增加，公司业绩的水平在逐渐降低，并不支持假设 H5a、H5b 和 H5c。该结果可能是由于对于公司的“经营圈”和“治理圈”的高管而言，其主要的工作职责在于经营公司与治理公司当面，而不同行业、不同公司的经营范围和内容都千差万别，俗语称“隔行如隔山”，因此对于“经营圈”高管，其兼任职位越多，意味着其精力分散越大，投入到公司的日常经营活动的精力得不到保障，因此公司业绩越差。对于“治理层”高管，其主要工作内容是监督公司管理层的经营行为并提出相关的意见与解决措施，因此当其兼任职位越多，意味着其公司治理效率越得不到保障，进而影响到公司的业绩水平，导致公司业绩越差。该结论与 Core 等（1999）的发现一致，他们认为繁忙的外部董事为 CEO 提供了超额的薪酬，降低了外部董事的监督效率，从而导致了更差的公司业绩表现。

总体而言，通过对公司间高管联结关系、高管联结数量、高管联结的形成机理与公司业绩的分析，结合实证研究结果我们可以发现，首先，高管联结关系与高管联结数量对公司业绩的提升有显著的作用；其次，“经营圈”“财务圈”与“治理圈”高管联结关系都可以提高公司的业绩水平，但对于三个“圈子”的高管联结而言，该联结关系的数量并不是越多越好。

4.5.5 稳健性检验

4.5.5.1 使用其他的公司业绩代理变量

参照以前学者的研究，我们使用主营业务利润/总资产以及经行业中位数调整后的 ROS 作为公司业绩的代理变量，将该变量代入模型（4-1）~模型（4-8）中，得到的回归结果在表 4-8 中列示。通过对结果的分析我们发现，高管联结、高管联结数量以及不同“圈子”对公司业绩的影响没有发生大的变化，结论基本与主回归一致。

表 4-8　稳健性检验——替换变量

VARIABLES	(1) ROS	(2) ROS	(3) ROS	(4) ROS	(5) ROS	(6) ROS	(7) ROS_ADJ	(8) ROS_ADJ	(9) ROS_ADJ	(10) ROS_ADJ	(11) ROS_ADJ	(12) ROS_ADJ
INTERLOCK	0.018* (1.72)						0.012* (1.86)					
INTERLOCK_NUM			0.003*** (4.19)	0.003*** (3.37)	0.003*** (3.33)	0.003*** (4.21)			0.001 (1.32)	0.001* (1.72)	0.000 (0.68)	0.001 (1.34)
INTERLOCK_OPRT		0.033*** (2.70)		0.006 (0.40)				–0.003 (–0.38)		–0.017* (–1.75)		
INTERLOCK_OPRT×INTERLOCK_NUM				0.000 (0.31)						–0.000 (–0.01)		
INTERLOCK_GOV		0.020* (1.89)			0.000 (0.01)			0.014** (2.21)			0.015** (2.28)	
INTERLOCK_GOV×INTERLOCK_NUM					–0.001 (–0.44)						–0.000 (–0.05)	
INTERLOCK_FIN		–0.041 (–0.73)				–0.046 (–0.44)		0.030 (0.85)				0.040 (0.61)
INTERLOCK_FIN×INTERLOCK_NUM						–0.002 (–0.20)						–0.002 (–0.35)
SIZE	–0.021*** (–5.99)	–0.021*** (–5.99)	–0.023*** (–6.43)	–0.023*** (–6.43)	–0.023*** (–6.44)	–0.023*** (–6.39)	0.008*** (3.81)	0.009*** (3.88)	0.008*** (3.70)	0.008*** (3.70)	0.008*** (3.73)	0.008*** (3.68)
LEV	0.272*** (16.95)	0.273*** (16.98)	0.274*** (17.05)	0.274*** (17.06)	0.274*** (17.05)	0.273*** (17.04)	–0.017* (–1.73)	–0.018* (–1.78)	–0.017* (–1.74)	–0.013* (–1.79)	–0.017* (–1.75)	–0.017* (–1.74)
LOSS	–0.074*** (–6.59)	–0.074*** (–6.60)	–0.073*** (–6.56)	–0.073*** (–6.57)	–0.073*** (–6.56)	–0.073*** (–6.57)	0.011 (1.64)	0.011 (1.64)	0.011* (1.65)	0.012* (1.65)	0.011 (1.64)	0.011* (1.65)

续表

VARIABLES	(1) ROS	(2) ROS	(3) ROS	(4) ROS	(5) ROS	(6) ROS	(7) ROS_ADJ	(8) ROS_ADJ	(9) ROS_ADJ	(10) ROS_ADJ	(11) ROS_ADJ	(12) ROS_ADJ
BLOCK	0.003*** (11.32)	0.003*** (11.31)	0.003*** (11.31)	0.003*** (11.31)	0.003*** (11.31)	0.003*** (11.32)	-0.000** (-2.15)	-0.000** (-2.14)	-0.000** (-2.15)	-0.000** (-2.14)	-0.000** (-2.15)	-0.000** (-2.14)
M_SHARE	-1254.926 (-0.22)	-1420.332 (-0.25)	-1420.574 (-0.25)	-1512.275 (-0.27)	-1456.524 (-0.26)	-1417.691 (-0.25)	1896.610 (0.54)	2030.597 (0.58)	1913.065 (0.54)	2058.356 (0.59)	1970.366 (0.56)	1904.959 (0.54)
M_PAY	0.000*** (11.17)	0.000*** (11.06)	0.000*** (10.79)	0.000*** (10.74)	0.000*** (10.77)	0.000*** (10.78)	0.000 (0.57)	0.000 (0.74)	0.000 (0.51)	0.000 (0.63)	0.000 (0.62)	0.000 (0.52)
AGE	-0.002*** (-3.13)	-0.002*** (-3.20)	-0.002*** (-3.57)	-0.002*** (-3.60)	-0.002*** (-3.57)	-0.002*** (-3.54)	-0.001** (-2.22)	-0.001** (-2.03)	-0.001** (-2.34)	-0.001** (-2.21)	-0.001** (-2.12)	-0.001** (-2.35)
BOARDSIZE	0.077*** (4.90)	0.075*** (4.78)	0.061*** (3.81)	0.062*** (3.81)	0.062*** (3.82)	0.061*** (3.81)	-0.024** (-2.46)	-0.023** (-2.32)	-0.025** (-2.51)	-0.025** (-2.49)	-0.025** (-2.54)	-0.025** (-2.51)
OUTSIDE_ DIRECTOR	-0.181*** (-3.44)	-0.174*** (-3.28)	-0.199*** (-3.77)	-0.192*** (-3.61)	-0.196*** (-3.68)	-0.199*** (-3.76)	0.036 (1.10)	0.027 (0.83)	0.034 (1.04)	0.023 (0.71)	0.025 (0.77)	0.034 (1.04)
DUAL	-0.498 (-1.21)	-0.495 (-1.20)	-0.484 (-1.17)	-0.483 (-1.17)	-0.484 (-1.17)	-0.484 (-1.17)	0.015 (0.06)	0.011 (0.04)	0.019 (0.07)	0.016 (0.06)	0.013 (0.05)	0.019 (0.07)
Constant	-0.124** (-2.47)	-0.123** (-2.45)	-0.108** (-2.09)	-0.104** (-2.00)	-0.117** (-2.24)	-0.108** (-2.07)	0.890*** (11.04)	0.864*** (10.70)	0.977*** (11.72)	0.974*** (11.69)	0.976*** (11.68)	0.973*** (11.66)
Observations	16145	16145	16145	16145	16145	16145	16145	16145	16145	16145	16145	16145
R-squared	0.763	0.763	0.763	0.763	0.763	0.763	0.015	0.016	0.015	0.016	0.016	0.015
P-value	0	0	0	0	0	0	0	0	0	0	0	0

4.5.5.2　内生性检验

基于本章的实证研究结果，高管联结关系伴随着更好的公司业绩水平。与其他公司业绩的相关研究一样，本章结论也存在内生性的问题。本章的结果是，公司间的高管联结关系会提高公司业绩水平，但也存在另一种竞争性的解释——可能是业绩好的公司会倾向于选择行业内声誉较高的高管兼任相应的职位或者是高管本身愿意选择业绩较高的公司，从而为公司建立了联结关系。为了排除这样的可能性，首先，本书借鉴 Fich 和 Shivdasani（2006）使用的方法，高管联结关系相关的变量滞后 2 年及 3 年的值进行回归分析。回归结果在表 4-9、表 4-10 中列示，通过结果我们发现，主要变量与公司业绩之间的研究结果并没有发生改变。其次，本书对可能出现的解释变量与被解释变量之间的因果相关问题，借鉴 Ashbaughm 等（2004）取变化值的方法，对模型中的主要解释变量高管联结关系、不同“圈子”高管联结、高管联结的数量、被解释变量（公司业绩）以及控制变量采用样本期间最后一年与第一年的值之差进行回归分析。得到的结果如表 4-11 所示，高管联结（INTERLOCK）与公司业绩的代理变量之间在 1%的水平上呈显著正相关关系，不同“圈子”高管联结与公司业绩之间分别在 1%~10%的水平上呈显著正相关关系，高管联结数量与公司业绩之间也得到类似的结果，依据上述结果我们发现，主要解释变量与公司业绩之间的关系与主回归之间并没有发生显著的变化。

表 4-9　稳健性检验——滞后变量（滞后 2 期）

VARIABLES	(1) ROA	(2) ROA	(3) ROA_ADJ	(4) ROA_ADJ	(5) MB	(6) MB
L2__INTERLOCK	0.001* (1.67)		0.000* (1.76)		0.011** (2.01)	
L2__INTERLOCK_NUM		0.000* (1.71)		0.000* (1.67)		0.008* (1.78)
L2__INTERLOCK_OPRT	0.003* (1.77)	0.002 (0.76)	0.003 (1.53)	0.002 (0.70)	0.029 (0.59)	0.050 (0.72)
L2__INTERLOCK_OPRT×INTERLOCK_NUM		-0.000 (-0.72)		-0.000 (-0.80)		0.011 (0.72)
L2__INTERLOCK_GOV	-0.001 (-0.43)	0.001 (0.43)	-0.000 (-0.19)	0.001 (0.58)	0.012 (0.28)	-0.055 (-1.14)
L2__INTERLOCK_GOV×INTERLOCK_NUM		-0.000 (-0.86)		-0.000 (-0.98)		0.018 (1.25)
L2__INTERLOCK_FIN	0.025*** (3.31)	0.042*** (3.05)	0.023*** (3.03)	0.040*** (2.92)	1.220*** (5.45)	1.631*** (4.05)
L2__INTERLOCK_FIN×INTERLOCK_NUM		-0.002 (-1.57)		-0.002* (-1.65)		-0.035 (-0.90)
SIZE	0.002*** (4.87)	0.002*** (4.23)	0.002*** (4.99)	0.002*** (4.32)	-0.763*** (-53.44)	-0.771*** (-53.51)
LEV	-0.076*** (-32.91)	-0.113*** (-72.20)	-0.077*** (-33.16)	-0.112*** (-71.54)	0.179*** (2.64)	-0.034 (-0.75)
LOSS	-0.113*** (-72.29)	-0.076*** (-32.89)	-0.112*** (-71.64)	-0.077*** (-33.12)	-0.041 (-0.90)	0.184*** (2.73)

续表

VARIABLES	(1) ROA	(2) ROA	(3) ROA_ADJ	(4) ROA_ADJ	(5) MB	(6) MB
AGE	-0.000 (-1.52)	-0.000 (-0.84)	-0.000** (-2.25)	-0.000 (-1.59)	0.019*** (6.72)	0.018*** (6.41)
L2__BLOCK	0.000 (0.39)	0.000*** (3.33)	0.000 (0.07)	0.000*** (3.01)	0.004*** (4.83)	0.006*** (5.89)
L2__M_SHARE	-1565.643** (-1.96)	-1537.294* (-1.93)	-1758.257** (-2.20)	-1733.555** (-2.17)	-20431.924 (-0.87)	-21376.301 (-0.92)
L2__M_PAY	0.000*** (9.85)	0.000*** (10.16)	0.000*** (9.84)	0.000*** (10.11)	0.000*** (11.93)	0.000*** (11.95)
L2__BOARDSIZE	-0.003 (-1.31)	-0.002 (-0.67)	-0.003 (-1.47)	-0.002 (-0.88)	0.124* (1.86)	0.088 (1.29)
L2__OUTSIDE_DIRECTOR	-0.019** (-2.28)	-0.017** (-2.07)	-0.020** (-2.40)	-0.019** (-2.22)	0.900*** (3.69)	0.853*** (3.48)
L2__DUAL	-0.221*** (-4.83)	-0.220*** (-4.82)	-0.228*** (-4.99)	-0.228*** (-4.98)	2.202* (1.65)	2.251* (1.68)
Constant	0.071*** (6.70)	0.060*** (5.01)	0.005 (0.42)	-0.004 (-0.31)	19.085*** (62.51)	19.583*** (56.15)
Observations	9995	9995	9995	9995	9995	9995
R-squared	0.603	0.604	0.507	0.508	0.785	0.786
P-value	0	0	0	0	0	0

表 4-10　稳健性检验——滞后变量（滞后 3 期）

VARIABLES	(1) ROA	(2) ROA	(3) ROA_ADJ	(4) ROA_ADJ	(5) MB	(6) MB
L3__INTERLOCK	0.001* (1.74)		0.002* (1.72)		0.010* (1.68)	
L3__INTERLOCK_NUM		0.002*** (3.55)		0.002*** (3.65)		0.005* (1.69)
L3__INTERLOCK_OPRT	0.001 (0.60)	0.001 (0.52)	0.001 (0.36)	0.001 (0.62)	0.011 (0.21)	0.000 (0.02)
L3__INTERLOCK_OPRT×INTERLOCK_NUM		−0.002*** (−4.15)		−0.002*** (−4.16)		0.002 (0.02)
L3__INTERLOCK_GOV	0.002 (1.26)	0.004** (2.18)	0.002 (1.57)	0.004** (2.42)	0.013 (0.28)	0.011** (2.13)
L3__INTERLOCK_GOV×INTERLOCK_NUM		−0.002*** (−4.22)		−0.002*** (−4.29)		−0.049 (−0.93)
L3__INTERLOCK_FIN	0.032*** (3.80)	0.031*** (3.41)	0.032*** (3.80)	0.032*** (3.50)	1.263*** (5.11)	−0.002 (−0.06)
L3__INTERLOCK_FIN×INTERLOCK_NUM		−0.001 (−1.01)		−0.001 (−1.32)		1.868*** (4.45)
SIZE	0.002*** (4.24)	0.002*** (4.50)	0.002*** (4.20)	0.002*** (4.44)	−0.780*** (−50.51)	0.004 (0.22)
LOSS	−0.113*** (−66.72)	−0.114*** (−66.98)	−0.113*** (−66.09)	−0.113*** (−66.34)	0.269*** (3.60)	0.014 (0.86)
LEV	−0.072*** (−28.32)	−0.073*** (−28.45)	−0.073*** (−28.44)	−0.073*** (−28.56)	−0.090* (−1.81)	−0.066 (−1.52)

续表

VARIABLES	(1) ROA	(2) ROA	(3) ROA_ADJ	(4) ROA_ADJ	(5) MB	(6) MB
L3__BLOCK	0.000 (0.38)	0.000 (0.30)	0.000 (0.18)	0.000 (0.11)	0.004*** (3.92)	0.004*** (3.88)
L3__M_SHARE	-687.263 (-0.83)	-660.536 (-0.80)	-706.032 (-0.85)	-667.187 (-0.81)	-15798.721 (-0.65)	-17313.282 (-0.72)
L3__M_PAY	0.000*** (7.75)	0.000*** (7.91)	0.000*** (7.74)	0.000*** (7.89)	0.000*** (10.10)	0.000*** (9.98)
AGE	-0.000 (-1.56)	-0.000 (-1.25)	-0.000** (-2.29)	-0.000** (-1.99)	0.019*** (5.82)	0.018*** (4.68)
L3__BOARDSIZE	-0.003 (-1.11)	-0.000 (-1.02)	-0.003 (-1.18)	-0.000 (-1.12)	0.130* (1.73)	0.093 (1.21)
L3__OUTSIDE_DIRECTOR	-0.024** (-2.56)	-0.026*** (-2.71)	-0.026*** (-2.70)	-0.027*** (-2.86)	0.901*** (3.22)	0.843*** (2.99)
L3__DUAL	-0.027 (-0.58)	-0.029 (-0.62)	-0.025 (-0.54)	-0.026 (-0.57)	6.973*** (5.1[illegible])	7.007*** (5.14)
Constant	0.066*** (5.22)	0.059*** (4.54)	0.004 (0.31)	-0.002 (-0.16)	19.733*** (53.38)	19.959*** (52.14)
Observations	8455	8455	8455	8455	8455	8455
R-squared	0.589	0.589	0.495	0.495	0.784	0.785
P-value	0	0	0	0	0	0

表 4-11　稳健性检验——变化值

VARIABLES	(1) cROA	(2) cROA_ADJ	(3) cMB	(4) cROA	(5) cROA_ADJ	(6) cMB	(7) cROA	(8) cROA_ADJ	(9) cMB
cINTERLOCK	0.024*** (2.91)	0.021*** (2.62)	0.367*** (6.83)						
cINTERLOCK_NUM							0.001** (2.28)	0.000 (0.92)	0.013** (2.26)
cINTERLOCK_OPRT				0.009*** (3.34)	0.010*** (3.48)	0.377*** (6.16)	–0.002 (–0.51)	0.024* (1.70)	0.131 (0.63)
cINTERLOCK_OPRT× INTERLOCK_NUM							0.001*** (3.15)	–0.002 (–1.01)	–0.210*** (–7.25)
cINTERLOCK_GOV				0.003 (1.24)	0.004* (1.68)	0.413*** (7.30)	0.008*** (2.91)	0.017*** (4.39)	0.073 (1.20)
cINTERLOCK_GOV× INTERLOCK_NUM							–0.002*** (–5.44)	–0.002*** (–4.24)	0.007 (1.05)
cINTERLOCK_FIN				0.058*** (4.79)	0.058*** (4.79)	0.566** (2.11)	–0.048 (–0.62)	–0.057 (–0.73)	-7.220*** (–4.18)
cINTERLOCK_FIN× INTERLOCK_NUM							0.011 (1.35)	0.012 (1.46)	0.798*** (4.40)
cSIZE	0.031*** (5.37)	0.032*** (5.63)	–0.523*** (–20.11)	–0.004*** (–3.45)	–0.004*** (–3.16)	–0.586*** (–22.35)	–0.003** (–2.47)	–0.003* (–1.90)	–0.527*** (–19.82)
cLEV	–0.165*** (–7.70)	–0.171*** (–8.03)	–0.186* (–1.88)	–0.066*** (–13.91)	–0.069*** (–14.51)	–0.153 (–1.45)	–0.063*** (–13.21)	–0.104*** (–16.30)	–0.281*** (–2.75)
cLOSS	–0.091*** (–21.56)	–0.092*** (–21.60)	–0.012 (–0.17)	–0.097*** (–44.84)	–0.097*** (–44.68)	–0.197*** (–4.09)	–0.088*** (–9.07)	–0.089*** (–9.37)	–0.695*** (–3.92)

续表

VARIABLES	(1) cROA	(2) cROA_ADJ	(3) cMB	(4) cROA	(5) cROA_ADJ	(6) cMB	(7) cROA	(8) cROA_ADJ	(9) cMB
cBLOCK	-0.001*** (-4.42)	-0.001*** (-4.31)	-0.005*** (-2.76)	0.000*** (4.92)	0.000*** (4.70)	-0.004** (-2.48)	-0.001** (-2.40)	-0.001** (-2.24)	-0.012*** (-2.85)
cM_SHARE	-1315.670 (-0.21)	-1401.753 (-0.29)	-1231.318 (-0.39)	-1399.639 (-0.46)	-1438.691 (-0.27)	-1477.912 (-0.34)	-1459.818 (-0.41)	-1449.901 (-0.55)	-1457.145 (-0.35)
cM_PAY	0.000*** (11.23)	0.000*** (11.98)	0.000*** (11.38)	0.000*** (11.86)	0.000*** (11.29)	0.000*** (12.23)	0.000*** (11.66)	0.000*** (11.65)	0.000*** (11.21)
cAGE	-0.002*** (-3.13)	-0.002*** (-3.57)	-0.002*** (-3.10)	-0.002*** (-3.14)	-0.002*** (-3.60)	-0.002*** (-3.11)	-0.002*** (-3.15)	-0.002*** (-3.19)	-0.002*** (-3.24)
cBOARDSIZE	0.077*** (3.91)	0.061*** (4.65)	0.075*** (4.71)	0.079*** (4.66)	0.062*** (4.61)	0.062*** (4.56)	0.062*** (3.88)	0.061*** (4.46)	0.066*** (3.78)
cOUTSIDE_DIRECTOR	0.091* (1.87)	0.089* (1.84)	0.220 (0.81)	0.019 (1.49)	0.024* (1.91)	0.309 (1.08)	0.023* (1.77)	0.004 (0.09)	4.552*** (7.36)
Constant	-0.093*** (-3.25)	-0.078*** (-2.72)	1.181*** (6.27)	0.012 (1.42)	0.019** (2.21)	1.281*** (6.63)	0.015* (1.69)	-0.042 (-1.65)	0.357 (0.95)
Observations	2329	2329	2329	2329	2329	2329	2329	2329	2329
R-squared	0.567	0.592	0.339	0.571	0.575	0.297	0.570	0.215	0.333
P-value	0	0	0	0	0	0	0	0	0

4.6 小　结

本章通过对高管联结关系的形成机理进行了研究，对具有某些共同个人属性特征的高管形成的高管联结关系如何对公司业绩产生影响，以及对公司业绩的影响是否存在差异进行了实证研究。具体而言，将高管按照个人属性特征——职务分为不同的高管“圈子”，将高管联结关系按照不同的“圈子”分为“经营圈”“治理圈”以及“财务圈”高管联结，并对不同的“圈子”、对公司业绩的影响进行了分析，发现：

（1）公司间的高管联结关系可以提高公司业绩的水平。

（2）但按照形成的“圈子”不同对公司业绩的影响程度也不同，具体而言，当公司业绩的代理变量为 ROA、ROA_ADJ 以及 MB 时，“经营圈”“财务圈”以及“治理圈”高管联结关系对公司业绩都呈显著的正相关关系，但就具体影响而言，“财务圈”与“经营圈”高管联结关系对公司业绩的影响显著程度较高（在 1%~5%的水平上呈显著正相关关系），“治理圈”高管联结关系与公司业绩则为 5%~10%的水平上呈显著正相关关系，相对而言对公司业绩的影响较小。

（3）此外，本书对公司间高管联结的数量对公司业绩的影响进行了分析，发现公司间高管的联结数量与公司业绩水平呈显著正相关关系，但“经营圈”“治理圈”以及“财务圈”的公司间高管联结数量越多，公司业绩水平越差，并不是联结关系越多越好。造成上述结果的原因可能是由于繁忙的高管，其精力有限，联结数量越多，高管越繁忙，经营公司与公司治理的效率越低，从而公司业绩越差。

第 5 章　高管联结对盈余管理影响的实证研究

5.1　概　述

早期的一些学者通过对盈余管理的研究，认为盈余管理是企业管理当局为了误导其他会计信息使用者对企业经营业绩的理解或影响那些基于会计数据的契约的结果，在编报财务报告和构造交易事项以改变财务报告时做出判断和会计选择的过程（魏明海，2000）。由于公司经营者与所有者（投资者）之间本身就存在信息不对称的问题，盈余管理行为不仅会增加信息不对称的程度，而且会降低公司的财务信息透明度，阻碍信息在公司与投资者之间的传递。因此，为了提高投资者的投资效率，同时为了公司获得更多更优惠的资金支持，解决盈余管理问题成为关键点。

以往的关于盈余管理的研究主要是以盈余管理的动机为出发点（达到经营业绩目标、IPO、配股、达到分析师预期等）。也有部分学者对盈余管理的抑制做出了研究，如各项公司治理机制对盈余管理的抑制效果（薪酬激励、独立董事、董事会规模、董事会开会次数等）。此外，基于对公司高管盈余管理动机以及关于抑制公司高管盈余管理的研究结果分析，我们发现上述研究主要是从高管的表面特征进行的，例如高管的专业知识、职业背景、行业专长、性别、年龄、独立性等（刘继红和章丽珠，2014；蔡春、谢柳芳和马可娜，2015；何威风，2015 等）。因此，突破目前关于盈余管理研究的现状，需要从不同的研究视角去更深层次的探究高管的盈余管理行为，才能从本质上解决盈余管理的问题。例如，从社会学的视角看，高管在经营一家公司的同时，也是社会的一名成员，因此，当其作出一些经营决策时，不可避免地会受到社会中其他成员以及社会网络中镶嵌的其他信息的影响。本章以社会网络关系为研究的出发点，以高管联结的形成机理作为研究的切入点，分析具有共同个人属性特征的高管通过兼任职位所形成的高管联结关系对盈余管理行为的影响。

5.2 文献综述

学术界关于盈余管理的研究最早从 20 世纪 80 年代开始直到现在仍是重要的研究热点之一。早期对盈余管理的研究主要是针对于盈余管理行为的识别与动机方面的研究（例如，管理层报酬契约、债务契约、政治成本动机、IPO、配股、达到分析师预期等），基于管理层盈余管理行为的动机的研究结果，也有部分学者开始研究如何抑制盈余管理，以保障投资者所获得的关于公司的信息是真实可靠的。因此，关于各项公司治理机制在抑制盈余管理行为中的有效性的研究日益增加，例如公司董事会的规模、董事会开会次数、独立董事等机制的有效性的验证等。目前，关于盈余管理的研究开始从关注通过操纵应计项目进行盈余管理转向识别更加隐蔽的盈余管理行为，例如管理层通过日常的经营活动进行真实的盈余管理的行为。

最早关于盈余管理的研究主要是以盈余管理的动机作为主要的研究对象。管理层进行盈余管理的动机主要分为基于会计业绩的契约动机以及达到资本市场目标的动机。基于会计业绩的契约动机的研究成果很丰富，包括基于会计业绩的薪酬契约，基于会计业绩的债务契约等。在薪酬契约方面的研究较多，例如，Healy（1985）对管理层的薪酬激励与盈余管理行为进行研究，发现管理层的应计政策选择与基于会计利润的薪酬合约激励相关，同时发现管理层改变会计处理程序往往伴随着新的薪酬计划或薪酬计划的改变。Holthausen、Lacker 和 Sloan（1995）使用关于管理层详细的短期激励报酬合约的专有数据，检验了管理层通过盈余管理行为最大化其激励合约支付的现时价值；作者发现当管理层的报酬水平能达到最大值时，管理层会进行负向的盈余管理。Guidry、Leone 和 Rock（1999）检验了管理层最大化短期报酬的假说，其结论与 Healy（1985）的研究结论一致。DeAngelo（1988）指出，在选举过程中，现任管理者会利用会计政策的选择为有投票权的股东描绘一幅有利于其自身的业绩表现。当选后，竞争胜利者倾向于立刻进行盈余“大清洗”，并将责任归咎于前任管理者的决策失误。Dechow 和 Sloan（1991）检验了公司 CEO 在任期的最后几年是否会通过操纵 R&D 支出，从而提高短期盈利业绩表现；研究结果表明，CEO 在任职的最后几年中，公司的 R&D 支出明显降低，但并没有发现降低 R&D 支出伴随着更差的公司业绩。基于会计业绩的债务契约的研究较丰富，Defond 等（1994）在文章中以公司年报中披露的 94 家债务违约的公司为研究样本，对异常应计项目进行研究，发现在债务违约前一年，总的异常应计项目以及异常营运资本应计项目都表现为显著的正向，意味着管理层进行了正向的盈余操纵。Sweeney（1994）检验了 130 家在年报中披露违约公司的会计政策变更、违约成本以及基于会计信息的债务违约行为；作者指出，已经有债务违约的公司，管理层会做出增加利润的会计变更，同时作者认为管理层做出会计变更的主要原因是由于公司所面临的债务违约成本。

在资本市场动机方面的研究包括 IPO，避免亏损，为了达到分析师预期等方面的研究。Teoh 等（1998）研究了首次发行股票的公司（IPO）是否会通过正向的操纵应计项目以达到盈利目标，发现应计项目异常高的 IPO 公司中，在其后三年时间里股票业绩表现非常差。Teoh 等（1998）对公司季节性的股票发行进行了研究，发现公司会通过改变异常会计盈余提高盈利水平。Rangan（1998）指出，季节性股票发行的公司在随后的几年中往往伴随着更差的盈利业绩以及股票业绩表现，通过研究发现，导致上述现象的原因在于公司在发行股票前进行了盈余管理，股票市场对发行公司暂时性价值高估进行了调整。避免亏损动机的研究最早是由 Hayn（1995）展开的，作者指出，相对于盈利，损失更不容易出现在报告中。Burgstahler 等（1997）提出了公司通过管理报告盈利水平以避免盈利下降以及损失，同时作者发现，在样本公司中很少会出现盈利微降的情况，盈利微升出现的概率较高；公司会通过营运现金流以及营运资本两个途径操纵盈余。达到分析师预测的研究，主要是由 Barth 和 Eilliot（1999）、Skinner 和 Sloan（2002）、Burgatahler 等（2006）、Yu（2008）等学者进行研究的。Barth 和 Elliott（1999）研究了持续盈余增长模式与市盈率（公司价值）间的关系，发现相比其他公司而言，公司持续的盈余增长伴随着较高的市盈率。Skinner 和 Sloan（2002）认为，股票价格对没有达到盈余预期存在过度反应的情况，并且，股票价格对盈余低于分析师预测值的负面反应要远远高于盈余略微高于分析师预测值的反应。Burgatahler 等（2006）在文章中对管理层避免没有达到分析师预测的盈余报告进行了分析，发现管理层会提高公司的盈利水平，并且管理层会调低盈余以正好达到或稍微超过分析师预测的盈利水平。Yu（2008）研究了分析师对管理层盈余管理行为的影响，发现较多分析师关注的公司，其盈余管理的行为越少。Abarbanell 和 Lehavy（2003）指出，分析师的建议可能会成为公司管理层进行盈余管理的依据，当分析师给出买入公司股票的建议时，管理层可能会通过盈余管理的方式达到分析师预期。

国内学者关于盈余管理动机的研究主要集中于以下几个方面：IPO、配股、避免亏损等。王志强和刘星（2003）通过对 1999 年 IPO 公司的研究，发现公司为了取得较高的 IPO 价格，会进行盈余管理，但市场会对公司的盈余管理行为做出反应，表现为后期较低的市场回报率。蔡春和李明等（2013）检验了公司在 IPO 时所采用的盈余管理的方式，发现公司会通过操纵应计项目以及真实的经营活动进行盈余管理行为，而不同方式的选择是由 IPO 发现价格最大化决定的。以配股为动机方面的研究比较丰富，例如，陆正飞和魏涛（2006）对 1998~2001 年配股的上市公司进行了研究，发现公司在配股前存在盈余管理的行为。李增福、郑友环和连玉君（2011）对盈余管理与股权再融资进行了研究，发现上市公司在再融资的过程中存在通过应计项目和真实的经营活动来进行盈余管理的情况；同时指出，通过操纵应计项目的盈余管理行为是导致公司业绩在短期内下跌的主要原因，而真实经营活动的盈余管理行为则是公司长期业绩下跌的主要原因。吴联生等（2007），张昕等（2007）对以避免亏损为动机的盈余管理进行研究。吴联生、薄仙慧和王亚平（2007）提出，无论是上市公司还是非上市公司都存在为了避免亏损而进行盈余管理的情况。张昕和杨再惠（2007）通过对我国上市公司的研究，发现公司会在每年的最后一个季度通过主营业务成本、管理费用、投资收益以及营业外收支等项目进行盈余管理达到避免亏损的目的。

盈余管理的实行者是公司管理层（高管），因此，最早盈余管理的动机研究的其实也是在研究公司管理层（高管）的动机。其他的关于高管与盈余管理的研究主要是从高管个人特征、高管控制权、高管薪酬激励、高管变更、公司董事会特征、独立董事对盈余管理的影响等方面展开的。高管个人特征方面的研究主要是从高管的从业背景等方面展开的，刘继红和章丽珠（2014）通过对高管的CPA工作背景与盈余管理的研究，发现具有上述职业背景的高管特征，不仅没有降低公司盈余管理的水平，反而在一定程度上增加了操纵应计项目的盈余管理的行为。蔡春、谢柳芳和马可娜（2015）指出，高管具有审计背景的公司存在从操纵应计项目的盈余管理转变为通过真实经营活动进行盈余管理的趋势。也有部分研究从高管的学历、性别等个人属性特征对盈余管理的影响展开研究，何威风（2015）对高管团队的学历、年龄、性别以及任职时间对企业盈余管理的影响进行了研究，发现团队中董事长和总经理的学历、性别差异对公司的盈余管理有促进的作用，而任职时间差异则有抑制盈余管理的作用，年龄差异则对盈余管理行为没有显著的影响。左芬（2015）通过研究发现，公司的财务总监（CFO）的背景特征，如年龄、学历、任期等与公司的盈余管理程度为显著负相关关系。吕晓亮（2016）检验了高管的个人背景特征与盈余管理的关系，发现高管的年龄越大、学历越高、任期越长，公司的盈余管理程度越低，盈余质量越高。

高管控制权与盈余管理的研究相对比较丰富，例如王克敏和王志超

(2007) 指出，公司高管的控制权较强时，高管的薪酬水平也较高，公司盈余管理程度较低。杨志强（2013）对家族企业与非家族企业的高管控制权收益进行研究，发现公司高管的控制权收益与盈余管理之间的关系究竟是正相关还是负相关，不仅取决于高管控制权的制衡与监督，而且与相关的法律环境、高管的社会偏好以及公平性认知有很强的相关性。

高管薪酬与盈余管理的研究主要是关于薪酬激励是否会成为高管进行盈余管理的动机。Cheng 和 Warfield（2005）检验了高管股权激励与盈余管理的关系，发现股权激励水平较高的管理层后续会卖出更多的股票，并且此类公司所报告的盈利水平往往会正好达到分析师预测的水平，同时指出，股权激励可能会成为高管进行盈余管理的动机之一。李延喜、包世泽和高锐(2007) 对董事会监督、薪酬激励与盈余管理进行了研究，发现高管薪酬激励与盈余管理水平呈显著正相关关系，薪酬激励成为高管进行盈余管理的动机之一，同时指出，一般的董事会监督对抑制高管进行盈余管理的作用并不明显，但当董事会规模较大时，其抑制盈余管理的作用才得以体现。罗玫和陈运森（2010）通过研究薪酬激励机制与盈余管理之间的关系，发现以会计盈余为基础的薪酬激励机制的建立，并没有显著地增加高管进行盈余管理的可能性。罗宏、曾永良和宛玲羽（2016）通过高管之间的攀比心理研究了高管薪酬与盈余管理的关系，发现高管薪酬水平低于行业中位数越多，高管通过盈余管理获得目标薪酬的可能性越大；同时指出，高管更愿意选择真实的盈余管理的方式操纵薪酬水平。

高管变更与盈余管理之间的研究主要是针对高管变更对盈余管理是否有显著的影响。朱星文、廖义刚和谢盛纹（2010）对高管变更与盈余管理之间的关系进行了研究，发现上市公司发生高管变更的当年，盈余管理的水平越高，主要是调减当年盈利水平。杜兴强和周泽将（2010）指出，高管变更引起了高管进行大幅度的负向盈余管理的行为。林永坚、王志强和李茂良(2013) 对高管变更与盈余管理进行研究，发现公司高管变更当年，存在显著的负向调减盈利水平的盈余管理的行为，而并没有发现真实活动的盈余管理，同时提出，在高管变更后的第一、第二个会计年度，有显著的通过应计项目以及真实的经营活动调整盈利水平的盈余管理行为。

董事会、监事会等公司治理机制与盈余管理的研究主要是关于“两会”对盈余管理的监督与抑制作用。Klein（2002）指出，审计委员会与盈余管理之间呈显著负相关关系。李爽和吴溪（2003）通过对盈余管理与审计意见的研究，指出公司的监事会在相应的情况中并没有发挥有效的监督作用。Peasnell 等（2005）通过研究提出公司董事会中外部董事的比例与盈余管理呈显著负相关关系。王建新（2007）通过研究发现，上市公司的董事会和总经理两职合一、没有独立的审计委员会与盈余管理呈显著正相关关系。杨清香、张翼和张亮（2008）指出，董事会的开会频率以及次数与高管盈余管理呈显著正相关关系。高明华和方芳（2014）指出，董事会中的独立董事的独立性与董事激励与约束机制可以显著地抑制高管的盈余管理行为。

关于独立董事和盈余管理的研究主要焦点是独立董事在抑制盈余管理行为上是否发挥了其监督与治理效应。支晓强和童盼（2005）指出，独立董事之所以没有抑制高管进行盈余管理的作用，主要原因在于缺乏独立性。王兵（2007）指出，独立董事对公司的盈余质量并没有影响，但具有财务会计相关专业背景的独立董事可以提高盈余质量，同时指出，独立董事的津贴与兼职数量对公司的盈余质量的提高有显著的负向作用。胡奕明和唐松莲（2008）对独立董事的公司治理效果进行了研究，发现具有财务会计以及相关专业背景的独立董事、独立董事在董事会中所占比例与盈余管理程度呈显著负相关关系。Jaggi 等（2009）指出，香港上市公司中独立董事在抑制盈余管理的活动中提供了有效的监督，并指出公司董事会的独立性对保障高质量财务报告水平起着至关重要的作用。

对于公司高管的社会网络关系与盈余管理的研究较少，近年来，部分国内外的学者以高管的政治关联为研究视角展开了对盈余管理的研究，黄新建和张会（2011）通过研究公司的政治关联与审计师的选择，发现具有政治关联的公司，更愿意选择低质量的审计师，同时发现具有政治关联的此类公司往往伴随着更高水平的盈余管理。刘永泽、张多蕾和唐大鹏（2013）通过研究发现，在民营企业中，政治关联与盈余管理呈显著的正相关关系，同时，具有政治关联的民营企业中，政治关联强度越大，盈余管理的水平越高。此外，也有部分国内外的学者对公司高管以兼任职位而形成的社会网络关系与盈余管理之间进行了研究，例如，连锁董事与盈余管理，主要是针对独立董事兼任职位所形成的网络联结关系对盈余管理的影响。傅代国和夏常源（2014）检验了独立董事在联结关系网络中的位置与盈余质量的关系，发现独立董事在社会网络中的位置越处于中心位置，其体现的治理效应越明显，具体表现为有效地降低公司的盈余管理水平并且提高了盈余反映系数。钱戮琳（2013）指出，连锁董事的存在可以抑制管理层的盈余管理行为，从而提高公司的盈余质量。也有一部分国内外学者是从董事联结关系对盈余管理的传染现象的角度进行研究的，例如，Chiu 等（2012）在文章中检验了盈余管理在共享董事的公司间的传染行为，发现当公司与另一家正在进行盈余管理的公司共享同一个普通董事时，该公司很可能进行盈余管理行为，这种传染效应在共享董事具有领导职务或具有财务会计相关专业背景时更强；相应地，当公司与另一家不存在盈余管理的公司共享董事时，该公司存在盈余管理行为的可能性很小。李青原、张肖星和王红建（2015）对独立董事的网络联结与盈余管理进行了研究，发现独立董事连锁会造成连锁公司间盈余质量的传染效应，同时指出，审计委员会成员以及具有行业专长的独立董事的连锁使得盈余质量的传染效应更显著。

基于以上对国内外相关研究的分析，我们发现对于高管盈余管理的研究，以往主要是集中于高管盈余管理的动机、高管个人属性特征（如性别、年龄、学历、专业背景等）对盈余管理的影响，以及各种公司治理机制（薪酬激励、董事会、独立董事等）对盈余管理抑制效果的研究。以高管的社会属性特征为研究视角对盈余管理行为进行的研究相对较少，只有少数学者从高管的政治联结关系对盈余管理的影响进行了研究。此外，还有一部分国内外的学者从高管的社会网络联结关系对盈余管理的影响进行了研究，例如，董事通过兼任职位等形成的网络联结关系与连锁关系对盈余管理在联结公司中的传染效应的研究。也有少部分学者是从董事联结关系对抑制盈余管理的角度进行研究的。通过上述分析，有的学者认为董事网络联结关系可以提高治理效率，从而降低高管盈余管理的水平；有的学者认为董事网络联结关系会导致盈余管理行为在联结公司中蔓延或传染。以上的研究集中在高管联结关系（目前主要是公司的董事）的经济后果之一——盈余管理，几乎没有对高管联结关系形成机理的研究。因此，本章将会以高管联结关系的形成机理作为研究的切入点，对具有某些共同个人属性特征的高管所形成的高管联结关系如何对盈余管理产生影响进行了分析。

5.3　制度背景分析与研究假设

5.3.1　高管联结对盈余管理的影响分析

基于对高管联结形成机理的分析，本书按照高管的个人属性特征之一——职务，将公司的高管划分为“经营圈”“财务圈”和“治理圈”的高管，盈余管理的主体则是“经营圈”高管，“财务圈”高管也对盈余管理具有直接的影响，“治理圈”高管则通过提高公司治理效率从而间接地抑制盈余管理水平。已有的研究是从高管的盈余管理动机（Healy，1985；Holthausen，Lacker and Sloan，1995；Guidry，Leone and Rock，1999），高管的个人属性特征（学历、性别、年龄以及专业背景等）对盈余管理的影响（刘继红和章丽珠，2014；蔡春、谢柳芳和马可娜，2015），以及各种公司治理机制对盈余管理的抑制（董事会特征、高管薪酬激励、独立董事等）（Klein，2002；Cheng and Warfield，2005；李延喜、包世泽和高锐，2007；Jaggi et al.，2009）等方面展开的。高管薪酬激励或股权激励的主要目标是将高管与股东利益一致化，从而抑制其盈余管理的行为，而实际情况并不乐观，薪酬激励很可能是高管盈余管理的另一种动机（Cheng and Warfield，2005）。已有的文献关于高管的社会属性特征对盈余管理的影响很少，只有少数文献是关于高管的政治关联对盈余管理的影响（黄新建和张会，2011；刘永泽、张多蕾和唐大鹏，2013）。也有少数文献是从高管联结（董事连锁）的角度对盈余管理的传染行为进行研究（Chiu et al.，2012；李青原、张肖星和王红建，2015）。那么高管通过兼任职位所形成的联结关系（“经营圈”高管、“财务圈”高管、“治理圈”高管）对盈余管理的影响如何呢？基于以上分析，本书从高管联结的形成机理的作为研究的切入点，将高管按照个人属性特征之一——职务，分为三大类：“经营圈”“财务圈”以及“治理圈”高管，并按照高管的职务属性分类对高管联结也进行分类：“经营圈”“财务圈”以及“治理圈”高管联结。本章通过对高管联结的形成机理的剖析，将从高管联结建立的声誉激励的角度，对具有相同个人属性特征的高管所形成的高管联结关系对盈余管理的影响进行细致的分析，以期为高管的盈余管理行为寻求更深层次的解释。

Fama 和 Jensen（1983）在他们的研究中提出，外部董事之所以可以公正地监督管理层做出正确的经营决策的原因在于，外部董事受到了决策控制权市场的专家声誉的激励。外部董事所在公司的经营业绩与经营决策成为向外界传递其监督效率很好的信号之一，此外，获得的外部董事席位越多，意味着其在治理领域的专业能力更强，专家声誉更高。另外，当外部董事所在公司的经营决策出现问题或经营业绩惨淡时，向外界传递的信号则对外部董事不利，市场可能认为其监督不力或有可能与管理层合谋，对外部董事的专家声誉的损害非常大。Yermack（2004）基于 Fama 和 Jensen（1983）关于董事通过获得更多董事席位而形成声誉激励的基础上，发现外部董事可以从公司支付的报酬、职位轮换以及获得新的董事席位等事项中获得非常可观的正向激励。依据声誉激励假说理论，公司高管兼任职位越多，其在相关领域所建立的声誉积累越多，在该领域的专家声望越高，那么高管在相关领域的工作应更加高效、准确，这样才可以在相关的市场中传递一种积极的信号，从而获得更多兼任职位的机会。此外，当高管所在公司的经营业绩或经营决策出现问题时，其高管已经积累起来的某个领域中的专家声誉将会受到很大损害，因此，不论是从高管希望建立广泛认可的专家声誉的角度，还是从维护已经建立起来的专家声誉的角度，高管联结关系对盈余管理的抑制应该是有效的。基于以上分析，我们提出以下假设：

假设 1：公司间的高管联结关系可以降低公司的盈余管理水平。

5.3.2 “经营圈”高管联结与盈余管理

本书将公司的高管分为“经营圈”“财务圈”和“治理圈”高管，不同“圈子”的高管其职能不同，所具备的行业专长也不同，因此其通过兼任职位所形成的高管联结关系中所包含的社会资本与信息等资源也不尽相同，对公司的影响渠道与作用也可能不同。“经营圈”的高管，主要职责是负责公司日常的经营活动，做出与经营活动相关的决策。依据理性经济人理论与委托代理理论，经营管理层的目标是获得个人利益最大化，例如最大化地获得薪酬、获取更多社会资源的社会地位等。为了将“经营圈”高管的目标与股东目标一致化，提出了高管薪酬激励与股权激励等措施，但实践结果并不明显，“金手铐”的作用没有体现。学术界的结果也并不统一，一部分学者认为，薪酬与股权激励起到了相应的作用，如抑制盈余管理水平（罗玫和陈运森，2010）；另一部分学者则认为，薪酬与股权激励成为了高管进行盈余管理的动机之一（Cheng and Warfield，2005）。公司实施盈余管理的主体是“经营圈”高管，因此，我们分别从“经营圈”高管的主观动机与客观能力两个角度对他们所形成的联结关系及盈余管理水平之间的关系进行分析。

首先，从“经营圈”高管的主观动机分析高管联结关系与盈余管理水平之间的关系。由于现代公司两权分离以及委托—代理冲突的存在，“经营圈”高管的经营动机有可能被其自利动机影响（如达到薪酬目标、避免亏损等），虽然有一系列的薪酬以及股权、期权等相关的激励措施，但效果并不理想（李增泉，2000；Cheng and Warfield，2005；潘洪波，2009 等）。依据声誉假说理论，公司的高管会通过好的公司业绩向外界传递其经营能力、经营公司的专家的信号，获得外部经理人市场的认可，从而积累其在该领域的专家声誉，并获得更多的兼任职位的机会。从声誉假说理论的另一个角度看，已经具有某个领域的专家声誉的高管，其社会资本与社会地位已经很高，并且在该领域的认可程度也很高。此时，高管经营不利的信号将会对其已经建立的专家声誉造成极大损害，相对于没有声誉的高管而言，其机会成本很高。经过上述分析，“经营圈”高管为了在外部经理人市场建立专家声誉，将会尽可能地经营好公司的业绩，向外部市场传递积极的信号，不可能进行盈余管理，而已经建立好专家声誉的“经营圈”高管，更不可能会进行盈余管理，搬起石头砸自己的脚。

其次，从“经营圈”高管的客观能力去分析高管联结关系与盈余管理水平之间的关系。由于高管联结关系建立的信息传递渠道与学习效应，“经营圈”高管所建立的联结关系网络中所镶嵌的关于公司经营与决策的信息资源都可以成为网络关系成员共享的资源。因此，对于“经营圈”高管而言，其很容易获得镶嵌在高管联结网络中的关于提高公司业绩水平的经营策略以及避免盈余管理的措施，有助于降低本公司的盈余管理水平。此外，“经营圈”高管通过高管联结关系的学习效应，向网络中的其他公司学习如何选择正确的经营方式或做出高效的经营决策，从而提高公司业绩水平，达到基于会计信息的契约要求，避免高管通过盈余管理的行为提高公司业绩水平。基于以上分析，我们提出以下假设：

假设 2：与其他职业背景形成的高管联结关系相比，由“经营圈”形成的高管联结关系，伴随着更低的盈余管理水平。

5.3.3 “财务圈”高管联结与盈余管理

“财务圈”的高管，主要指公司中财务工作相关的高管（财务总监、总会计师等），要求相关高管具有很强的专业知识背景与丰富的业务处理经验。“财务圈”高管负责编制报送公司的年度财务报告等财务相关信息，因此，“财务圈”高管对公司的盈余管理水平具有直接影响。以下我们从“财务圈”高管的主观动机和客观能力分别分析其对公司盈余管理水平的影响。

首先，从“财务圈”高管的主观动机角度分析对盈余管理水平的影响。虽然不同公司间的主营业务千差万别，但财务工作则大同小异，只存在细微的差别。因此，在财务与会计领域，“财务圈”高管的能力以及业绩在相关领域的传播与认可相对容易，意味着“财务圈”高管在相关领域建立专家声誉相对比较容易。依据声誉假说理论，“财务圈”高管在没有建立专家声誉时，将会为公司提供良好的财务报告相关工作，以期向外部市场传递信号，建立良好的声誉，从而获得更多的兼任职位的机会。对于已经通过兼任职位形成高管联结关系，建立了良好专家声誉的“财务圈”高管，为了维护其已有的社会声誉以及社会地位，“财务圈”高管会积极避免因财务丑闻等不良的业绩对专家声誉的损害。因此，“财务圈”高管更不可能进行盈余管理，或者会尽可能降低公司的盈余管理水平。

其次，从“财务圈”高管的客观能力分析，公司的财务工作相对于经营工作较为单一并且都需依据统一的会计准则以及财务制度进行。因此，不同公司间的财务工作差异较小，“财务圈”的高管在其他公司兼任职位时，不论是“经营圈”“治理圈”还是“财务圈”，都可以将其在本公司积累的财务方面的学识与经验运用到工作中。一方面，“财务圈”高管通过高管联结网络获得镶嵌在网络中的降低盈余管理水平的各项信息及资源；另一方面，“财务圈”高管通过高管联结网络提供的信息沟通渠道及学习效应与其他网络成员进行正式或非正式的沟通，借鉴其他公司有效降低盈余管理水平的策略与方法，降低本公司的盈余管理水平。此外，“财务圈”高管均是具有相关丰富经验的财务工作者，具有抑制盈余管理的个人能力。因此，“财务圈”高管具备如何避免盈余管理的客观能力。基于以上分析，我们提出以下假设：

假设 3：与其他职业背景形成的高管联结关系相比，由“财务圈”形成的高管联结关系，伴随着更低的盈余管理水平。

5.3.4　“治理圈”高管联结与盈余管理

公司的“治理圈”高管主要是由董事会中的外部董事、独立董事以及监事会等成员构成的，其主要职责在于监督公司管理层做出的经营决策并提出有效建议。公司高管的盈余管理行为不仅对公司的短期业绩不利，而且会损害公司价值。因此，对于“治理圈”高管而言，他们不仅需要从自身的角度去监督“经营圈”高管做出的经营决策，而且需要制定不同公司治理机制去抑制管理层的自利行为，例如盈余管理等。下文将从主观动机和客观能力两个角度展开“治理圈”高管抑制盈余管理的分析。

首先，从“治理圈”高管的主观角度分析其抑制盈余管理的动机，“治理圈”高管是由财务会计领域以及法律界的专家学者构成的，而且大部分上述专家学者在公司中属于兼职的状态。依据声誉激励假说，外部董事之所以会提供有效的监督，是由于外部市场的声誉激励，以期获得更多的董事席位。对于“治理圈”高管而言，声誉激励假说也适用。公司的“治理圈”高管大部分是相关领域的专家学者，在各自领域已经积累了一定的声誉、社会资本以及社会地位。因此，如果“治理圈”高管所在公司出现经营或监督问题（例如财务欺诈、盈余管理水平高等），上述现象会向外部市场传递不利于“治理圈”高管的信号，如该专家学者的公司治理效率低，无法提供有效的监督，会严重损害“治理圈”高管已经积累起来的专家声誉，直接后果是面临失去已经持有的董事席位或兼任职位，而且以后很难再去获得新的兼任职位的机会。从声誉激励的另一个角度分析，还没有在相关领域建立声誉的“治理圈”高管，为了向外部市场传递其专家的信号，会提供较为严格的监督，从而可以获得更多的兼任职位的机会，逐步建立该领域内专家声誉与社会资本。综上，对于“治理圈”高管而言，提高监督效率可以维持其已有的专家声誉，同时也可以建立该领域的专家声誉。所以“治理圈”高管所形成的联结关系可以抑制公司的盈余管理水平。

其次，从“治理圈”高管的客观能力的角度，分析其对公司盈余管理的影响。“治理圈”高管大部分是财务会计、法律等领域的专家以及相关专业的学者，因此，这些高管具备公司治理的相关专业背景与专业知识，完全可以胜任公司治理的工作。此外，由“治理圈”高管通过兼任职位所形成的高管联结网络具有“学习效应”，并且该网络中镶嵌着丰富的关于公司治理的信息资源，有利于“治理圈”高管通过学习效应学习到联结网络中其他公司的先进的治理经验，同时可以从网络中汲取丰富的关于公司治理的信息以及资源，提高对公司的治理效率。因此，“治理圈”高管具备抑制公司盈余管理水平的能力。基于以上分析，我们提出以下假设：

假设 4：与其他职业背景形成的高管联结关系相比，由“治理圈”高管形成的联结关系，伴随着更低水平的盈余管理。

通过以上的分析，高管所持有的兼任职位越多，表明其在经营与治理方面的能力越强。另外，高管的兼任职位越多，表明其所在领域中的声誉以及社会地位越高，同时可以获得其建立的高管联结网络中所镶嵌的社会资本也越多，有利于高管提供更好的经营决策与公司治理效率。因此，高管联结关系越多，公司的经营效率以及治理效率越高，也就意味着公司盈余管理的水平越低。基于此，我们提出以下假设：

假设 5：高管联结关系越多的公司，其盈余管理水平越低。

假设 5a：与其他“圈子”形成的高管联结关系相比，“经营圈”高管联结关系的数量越多，公司的盈余管理水平越低。

假设 5b：与其他“圈子”形成的高管联结关系相比，“财务圈”高管联结关系的数量越多，公司的盈余管理水平越低。

假设 5c：与其他“圈子”形成的高管联结关系相比，“治理圈”高管联结关系的数量越多，公司的盈余管理水平越低。

5.4　研究设计

5.4.1　盈余管理的衡量

已有的国内外的研究表明，管理层会通过操纵应计项目以及真实的经济活动进行盈余管理的行为。此外，国内外的一些学者发现，近年来管理层通过应计项目进行盈余管理的现象有逐渐降低的趋势，而通过真实的经济活动进行盈余管理的现象则不断增加（Cohen et al.，2008）。因此，本书关于盈余管理的代理变量的选取将依据国内外相关学者的做法，采用基于修正的 JONES 模型得到的异常应计项目（Dechow et al.，1995）。另外，本书将借鉴国外相关学者对真实的盈余管理的度量方法（Roychowdhury，2006；Cohen et al.，2010；Chen et al.，2016），我们使用三个独立的变量，将经营活动现金流量的异常水平（REM_CFO）、产品成本的异常水平（REM_PROD）以及可操纵费用的异常水平（REM_DISX）综合起来，衡量公司的真实盈余管理水平（RM1、RM2）。

5.4.1.1　基于修正的 JONES 模型得到的 DA

本章将借鉴国外学者 Dechow 等（1995）提出的修正的 Jones 模型估计样本公司的异常应计额水平，并衡量样本公司盈余管理的水平。对模型（5-1）分行业、年度回归后，得到模型（5-1）的估计系数：$\hat{\alpha}_1$、$\hat{\alpha}_2$、$\hat{\alpha}_3$。

$$TA_{i,t}/A_{i,t-1} = \alpha_1(1/A_{i,t-1}) + \alpha_2(\Delta REV_{i,t}/A_{i,t-1}) + \alpha_3(PPE_{i,t}/A_{i,t-1}) + \mu_{i,t} \qquad (5-1)$$

将模型（5-1）代入模型（5-2），得到公司 i 的正常应计利润 NDA。

$$NDA_{i,t} = \hat{\alpha}_1(1/A_{i,t-1}) + \hat{\alpha}_2\left(\frac{\Delta REV_{i,t} - \Delta REC_{i,t}}{A_{i,t-1}}\right) + \hat{\alpha}_3(PPE_{i,t}/A_{i,t-1}) \qquad (5-2)$$

基于以上的回归结果，求出操控性应计利润 DA = TA/A − NDA。其中，TA = 净利润 − 经营活动产生现金流净额，A 为总资产，ΔREV 为销售收入增加额，PPE 为固定资产净值，ΔREC 为应收账款增加额。

5.4.1.2　真实盈余管理的度量

本章将借鉴国外相关学者对真实的盈余管理的度量方法（Roychowdhury，2006；Cohen et al.，2010；Chen et al.，2016），公司高管可以通过以下三种方式提高公司报告盈利水平：①可以提供更高的销售折让力度或提供多种条件优惠的销售信贷，从而促进销售收入的增加，但营运现金流水平却非常低。②通过增加产量的方式降低销售成本，由于产量大幅度增加，产品的固定成本被大量增加的产量分摊，因此，将导致异常高的产品单位成本。③通过降低可以人为控制的 R&D 支出、广告以及销售费用、管理费用，将导致异常低的自由控制费用。因此，本章通过以下三个模型度量管理层的真实盈余管理水平。

$$\frac{CFO_{it}}{ASSETS_{it-1}} = \alpha_1\frac{1}{ASSETS_{it-1}} + \alpha_2\frac{SALES_{it}}{ASSETS_{it-1}} + \alpha_3\frac{\Delta SALES_{it}}{ASSETS_{it-1}} + \varepsilon_{it} \qquad (5-3)$$

式中，CFO 为当年经营活动产生的现金流；ASSET 为公司上一年度的资产总额；SALES 为当年的销售收入；ΔSALES 为当年销售收入与上一年度的销售收入相比的变化额。通过对模型（5-3）分行业和年份回归后，得到残差的负数则为 REM_CFO。

$$\frac{DISX_{it}}{ASSETS_{it-1}} = \alpha_1\frac{1}{ASSETS_{it-1}} + \alpha_2\frac{SALES_{it}}{ASSETS_{it-1}} + \alpha_3\frac{\Delta SALES_{it}}{ASSETS_{it-1}} + \varepsilon_{it} \tag{5-4}$$

式中，DISX 为公司当年的销售费用中的广告费用、研发支出以及销售、管理的行政费用；其他变量与模型（5-3）的定义一致。通过对模型（5-4）分行业和年份回归后，得到残差的负数则为 REM_DISX。

$$\frac{PROD_{it}}{ASSETS_{it-1}} = \alpha_1\frac{1}{ASSETS_{it-1}} + \alpha_2\frac{SALES_{it}}{ASSETS_{it-1}} + \alpha_3\frac{\Delta SALES_{it}}{ASSETS_{it-1}} + \alpha_4\frac{\Delta SALES_{it-1}}{ASSETS_{it-1}} + \varepsilon_{it} \tag{5-5}$$

式中，PROD 为公司当年的 COGS（主营业务成本）以及存货变化额之和；其他变量与模型（5-3）的定义一致。通过对模型（5-5）分行业和年份回归后，得到残差则为 REM_PROD。

此外，我们借鉴 Cohen 和 Zarowin（2010）的做法，将另外设置两个变量以便考察真实盈余管理行为整体的影响。

$$RM1 = REM\_DISX + REM\_PROD \tag{5-6}$$

$$RM2 = REM\_CFO\_REM\_DISX \tag{5-7}$$

5.4.2　模型及变量定义

根据以往国内外对于盈余管理的研究，本章将设计以下模型对高管联结关系对盈余管理的影响进行研究。

$$DA/RM_{i,t} = \alpha_0 + \alpha_1 INTERLOCK + \sum Controls + \sum ind + \sum year + \varepsilon_{i,t} \tag{5-8}$$

$$DA/RM_{i,t} = \alpha_0 + \alpha_1 INTERLOCK\_OPRT + \sum Controls + \sum ind + \sum year + \varepsilon_{i,t} \tag{5-9}$$

$$DA/RM_{i,t} = \alpha_0 + \alpha_1 INTERLOCK\_GOV + \sum Controls + \sum ind + \sum year + \varepsilon_{i,t} \tag{5-10}$$

$$DA/RM_{i,t} = \alpha_0 + \alpha_1 INTERLOCK\_FIN + \sum Controls + \sum ind + \sum year + \varepsilon_{i,t} \tag{5-11}$$

本章通过模型（5-8）检验假设 1，高管联结关系与盈余管理之间的关系，同时构建了模型（5-9）、模型（5-10）、模型（5-11）分别检验假设 2、假设 3、假设 4，高管联结的不同“圈子”对盈余管理水平的影响是否一致，进而分析其影响盈余管理的路径。其中 DA/RM 为盈余管理，DA 为通过应计项目操纵利润的盈余管理行为，使用异常应计项目的绝对值、正向的异常应计额以及负向的异常应计额作为代理变量。RM 为通过真实的经济活动进行盈余管理行为，使用通过模型（5-3）、模型（5-4）、模型（5-5）回归后的残差或残差的负数（REM_CFO、REM_DISX、REM_PROD）综合计算得到 RM1 和 RM2 作为盈余管理的代理变量。

$$DA/RM_{i,t} = \alpha_0 + \alpha_1 INTERLOCK\_NUM + \sum Controls + \sum ind + \sum year + \varepsilon_{i,t} \tag{5-12}$$

$$\begin{aligned} DA/RM_{i,t} = {} & \alpha_0 + \alpha_1 INTERLOCK\_NUM + \alpha_3 INTERLOCK\_NUM \times \\ & INTERLOCK\_OPRT + \alpha_4 INTERLOCK\_OPRT + \\ & \sum Controls + \sum ind + \sum year + \varepsilon_{i,t} \end{aligned} \tag{5-13}$$

$$\begin{aligned} DA/RM_{i,t} = {} & \alpha_0 + \alpha_1 INTERLOCK\_NUM + \alpha_3 INTERLOCK\_NUM \times \\ & INTERLOCK\_GOV + \alpha_4 INTERLOCK\_GOV + \\ & \sum Controls + \sum ind + \sum year + \varepsilon_{i,t} \end{aligned} \tag{5-14}$$

$$\begin{aligned} DA/RM_{i,t} = {} & \alpha_0 + \alpha_1 INTERLOCK\_NUM + \alpha_3 INTERLOCK\_NUM \times \\ & INTERLOCK\_FIN + \alpha_4 INTERLOCK\_FIN + \\ & \sum Controls + \sum ind + \sum year + \varepsilon_{i,t} \end{aligned} \tag{5-15}$$

本章通过模型（5-12）检验假设 5，高管联结关系的数量对盈余管理水平的影响，并通过模型（5-13）、模型（5-14）、模型（5-15）检验了不同的“圈子”随着联结数量的增加，其对盈余管理水平的影响是否一致。其中 DA/RM 为盈余管理，DA 为通过应计项目操纵利润的盈余管理行为，使用异常应计项目的绝对值、正向的异常应计额以及负向的异常应计额作为代理变量。RM 为通过真实的经济活动进行盈余管理行为，使用通过模型（5-3）、模型（5-4）、模型（5-5）回归后的残差或残差的负数（REM_CFO、REM_DISX、REM_PROD）综合计算得到 RM1 和 RM2 作为盈余管理的代理变量，如表 5-1 所示。

表 5-1　变量定义

变量名称	符号	变量定义
盈余管理：异常应计额	|DA|	基于修正的 JONES 模型计算得到
真实盈余管理	RM1	通过费用与产品成本进行真实盈余管理的综合体现，RM1=REM_DISX+REM_PROD
	RM2	通过费用与经营活动现金流进行真实盈余管理的综合体现，RM2=REM_CFO+REM_DISX
高管联结	INTERLOCK	虚拟变量，当高管存在联结关系时，取值为 1，当高管不存在联结关系时，取值为 0
高管联结的数量	INTERLOCK_NUM	公司间高管存在联结关系的数量
由经营圈建立的高管联结关系	INTERLOCK_OPRT	虚拟变量，高管联结关系是由“经营圈”的高管建立的，取值为 1，如总经理、CEO、副总经理等；其他取值为 0
由治理圈建立的高管联结关系	INTERLOCK_GOV	虚拟变量，高管联结关系是由“治理圈”的高管建立的，取值为 1，如独立董事、外部董事、监事等；其他取值为 0
由财务圈建立的高管联结关系	INTERLOCK_FIN	虚拟变量，高管联结关系是由“财务圈”的高管建立的，取值为 1，如财务总监、总会计师、会计总监等；其他取值为 0
国有控股	STATE	虚拟变量，取值为 1 时，表明公司为国有控股；取值为 0 时，表明为非国有控股
第一大股东持股比例	BLOCK	t 年末公司第一大股东持股比例
独立董事比例	OUTSIDE_DIRECTOR	t 年末公司独立董事占董事会人数的比例
公司规模	SIZE	t 年末，公司资产价值的自然对数
财务杠杆	LEV	t 年末，公司的财务杠杆比例，资产总额/负债总额
亏损	LOSS	虚拟变量，t 年末，公司的净利润小于 0，取值 1，大于 0，取值 0
总资产收益率	ROA	t 年末，公司的净收益与总资产的比值

在模型的设计中，本章控制了可能影响盈余管理水平的公司治理特征相关的因素：外部董事比例、第一大股东持股比例、是否国有控股。同时模型也控制了公司特征可能会影响盈余管理水平的因素：公司规模、财务杠杆水平、公司盈利水平、是否亏损、行业及年份的影响。

5.4.3 样本及数据

本书选取 2002~2014 年的高管联结数据以及公司财务数据作为研究样本，考察高管联结关系对公司业绩的影响。本书剔除了金融行业公司样本、公司高管资料缺失样本以及财务信息不全的公司样本，共获得 15217 个公司/年份观测值（因为涉及不同变量缺失值不同，因此在不同的模型中进入回归模型的样本量存在差异）。数据来源于 Csmar 及 Wind 数据库，对于公司高管资料的数据，Csmar 介绍不全面的，由新浪财经的数据对照补充完整。

对于高管联结的数据，本书从国泰安数据库中获得上市公司高管个人资料信息，其中包括高管的任职等相关信息。通过对数据的处理，我们发现高管重名重姓的情况比较多，因此为了确定高管联结的真实性，需要对全部高管数据进行处理，将重名重姓但不是同一个人的数据删除，最终得到真实的高管的网络关系数据。然后将每个高管赋予不同的 ID 编号，构建高管的网络关系矩阵，通过进一步数据处理得到高管联结的代理变量。

5.5 实证研究结果分析

5.5.1 描述性统计

表 5–2 中是本章涉及主要变量的描述性统计结果。本章涉及的通过应计项目操纵盈余管理的代理变量为|DA|，指的是基于修正 JONES 模型通过回归得到的异常应计额的绝对。|DA|的均值为 0.069，最大值为 0.368。通过

真实的经济活动进行盈余管理的代理变量为 RM1、RM2。其中 RM1 的均值为 0.001，最大值为 10.412；RM2 的均值为-0.097，最大值为 34.709。

表 5-2 描述性统计

变量名称	观测值	中位数	均值	最小值	最大值	标准差
|DA|	15217	0.046	0.069	0.001	0.368	0.072
RM1	15217	-0.008	0.001	-7.760	10.412	0.310
RM2	15217	-0.011	-0.097	-173.813	34.709	2.558
INTERLOCK	15217	1.000	0.887	0.000	1.000	0.317
INTERLOCK_OPRT	15217	0.000	0.179	0.000	1.000	0.384
INTERLOCK_GOV	15217	0.000	0.697	0.000	1.000	0.459
INTERLOCK_FIN	15217	0.000	0.003	0.000	1.000	0.058
INTERLOCK_NUM	15217	6.000	6.877	0.000	23.000	5.258
SIZE	15217	21.619	21.737	18.623	25.481	1.216
LEV	15217	0.497	0.497	0.064	1.463	0.233
LOSS	15217	0.000	0.110	0.000	1.000	0.313
BLOCK（%）	15217	34.700	36.651	9.030	77.83	15.517
ROA	15217	0.034	0.034	-0.289	0.268	0.067
STATE	15217	1.000	0.530	0.000	1.000	0.499
OUTSIDE_DIRECTOR	15217	0.333	0.348	0.063	0.545	0.065
DUAL	15217	0.000	4.16E-05	0.000	1.000	0.006

在本章中使用到的高管联结关系的代理变量为 INTERLOCK，经过手工筛选加工后，得到 2002~2014 年共 15217 家上市公司通过高管兼职的形式形成的联结关系，其中联结关系数量（INTERLOCK_NUM）的均值为 6.877，最大值为 23，表明具有高管联结关系的公司中，平均每家公司通过高管的兼任职务行为与 6.877 家公司建立了联结关系，最多的有 23 家公司，最少为 0 个联结关系。INTERLOCK_OPRT 的均值为 0.179，意味着联结公司中平均 17.9%是由“经营圈”的高管建立的，最小值为 0，最大值为 1。INTER-LOCK_GOV 的均值为 0.697，表示联结公司中 69.7%的是由“治理圈”的高

管建立的，最小值为 0，最大值为 1。INTERLOCK_FIN 的均值为 0.003，表示联结公司中有 0.3%的是由"财务圈"的高管建立的。通过以上分析发现高管联结网络关系的形成机理不同，公司间的联结关系的性质也不同。

5.5.2 相关系数分析

表 5-3 是公司间的高管联结关系以及不同的"圈子"与盈余管理之间的相关系数分析。通过相关系数的分析，发现公司间的高管联结关系（INTERLOCK）与通过应计项目进行的盈余管理之间的关系如下：与异常应计额的绝对值（|DA|）在 1%的水平上呈显著负相关关系，说明公司间的高管联结关系对通过应计项目进行盈余管理的行为有显著的抑制作用。公司间的高管联结关系（INTERLOCK）与通过真实的经济活动进行盈余管理的行为（RM1、RM2）在 1%的水平上呈显著负相关关系，说明公司间的高管联结关系可以抑制管理层通过真实的经济活动进行盈余管理的行为。假设 1 得到了验证。

公司间高管联结关系的数量（INTERLOCK_NUM）与通过异常应计项目进行盈余管理的行为之间的关系如下：高管联结关系的数量（INTERLOCK_NUM）与|DA|在 1%的水平上呈显著负相关关系。高管联结关系的数量（INTERLOCK_NUM）与通过真实的经济活动进行盈余管理的行为之间的关系如下：高管联结关系的数量（INTERLOCK_NUM）与 RM1、RM2 在 1%的水平上呈显著负相关关系，以上结果表明，高管联结关系的数量越多，抑制管理层通过操纵应计项目以及真实的经营活动进行盈余管理的行为越有效，支持假设 5。

不同的圈子形成的高管联结关系对盈余管理行为的影响如下："经营圈""财务圈"与"治理圈"高管联结关系对通过应计项目进行盈余管理的影响分别如下：只有"经营圈"高管联结关系与|DA|之间在 1%水平上呈显著负相关关系，其他两种联结关系的影响并不显著，以上结果表明"经营圈"与"财务圈"高管联结关系抑制了管理层进行盈余管理的行为，"治理圈"高管联结对抑制管理层盈余管理行为没有显著效果。"经营圈""财务圈"与"治理圈"高管联结关系对通过真实的经营活动进行盈余管理的影响分别如下：

表 5-3　主要变量相关系数分析

	|DA|	RM1	RM2	INTERLOCK	INTERLOCK_NUM	INTERLOCK_OPRT	INTERLOCK_GOV	INTERLOCK_FIN
|DA|	1	0.115***	0.121***	–0.018***	–0.065***	–0.019***	0.006	–0.010
RM1	0.128***	1	0.694***	–0.035***	–0.057***	–0.015*	–0.006	–0.025***
RM2	–0.054***	–0.072***	1	–0.032***	–0.066***	–0.022***	0.003	–0.029***
INTERLOCK	–0.029***	–0.026***	–0.005	1	0.550***	0.167***	0.542***	0.021***
INTERLOCK_NUM	–0.069***	–0.048***	–0.009	0.467***	1	0.191***	0.210***	0.026***
INTERLOCK_OPRT	–0.020**	–0.019**	0.009	0.167***	0.200***	1	–0.709***	–0.027***
INTERLOCK_GOV	0.000	0.002	–0.012	0.542***	0.144***	–0.709***	1	–0.088***
INTERLOCK_FIN	–0.016**	–0.024***	0.000	0.021***	0.026***	–0.027***	–0.089***	1

注：***、**、* 分别表示在 1%、5%、10%的水平上显著，左下角为 Pearson 相关系数，右上角为 Spearman 秩相关系数。

“经营圈”和“财务圈”高管联结关系对 RM1 分别在 1%~5%的水平上呈显著负相关关系，与 RM2 之间呈正相关关系并不显著，而“治理圈”高管联结关系对 RM1、RM2 呈负相关关系，但并不显著；以上结果表明不同的“圈子”形成的高管联结关系对盈余管理行为的影响是有差别的，支持假设 2、假设 3；“治理圈”高管联结关系对盈余管理的抑制没有达到预期，在个别情况下甚至会促进盈余管理的行为，假设 4 没有得到支持。

5.5.3 单变量检验分析

表 5-4 是单变量差异检验结果。从通过操纵应计项目进行盈余管理与通过真实的经营活动进行盈余管理的指标看，有高管联结关系的公司与无高管联结关系公司的盈余管理水平的差异均很明显，并且有高管联结关系的样本的盈余管理水平的均值在 1%~5%的显著水平下要低于无高管联结关系的公司，验证了假设 1。从公司特征看，有高管联结关系的公司，公司规模、公司业绩都显著高于无高管联结关系的样本公司；公司的财务杠杆水平以及亏损情况都显著低于无高管联结关系的样本公司。从公司治理特征的角度看，有高管联结关系公司的股权集中度、独立董事比例均显著高于无高管联结关系的样本公司。从以上的分析结果可以看出，高管联结关系对公司盈余管理的水平具有一定的影响。

表 5-4 单变量差异检验结果

变量		无高管联结样本组		有高管联结样本组		T 检验	Z 检验
		均值	标准差	均值	标准差		
盈余管理	|DA|	0.074	0.079	0.068	0.071	−3.247***	2.168**
盈余管理（真实）	RM1	0.023	0.298	−0.002	0.312	3.369***	4.312***
	RM2	−0.059	2.497	−0.102	2.566	0.664	3.966***
公司特征	SIZE	21.224	1.023	21.802	1.223	−21.539***	−18.750***
	LEV	0.504	0.265	0.496	0.229	1.223	−0.453
	ROA	0.027	0.080	0.035	0.065	−3.878***	−3.140***
	LOSS	0.137	0.343	0.106	0.308	3.467***	3.767***

续表

变量		无高管联结样本组		有高管联结样本组		T 检验	Z 检验
		均值	标准差	均值	标准差		
公司治理	BLOCK（%）	35.634	15.313	36.780	15.539	-2.921^{***}	-2.781^{***}
	STATE	0.391	0.488	0.547	0.498	-12.481^{***}	-12.234^{***}
	OUTSIDE_DIRECTOR	0.338	0.057	0.349	0.066	-7.115^{***}	-5.691^{***}

注：***、**、* 分别表示在 1%、5%、10%的水平上显著；T 检验为单侧 T 检验，Z 检验为 Mann-Whitney 非参数检验。

表 5-5 报告了不同“圈子”的高管形成的联结关系与公司盈余管理的单变量差异检验分析。本书将公司间的联结关系按照不同职位的高管联结形成的“圈子”，分为“经营圈”“治理圈”以及“财务圈”，与之对应的则是非“经营圈”、非“治理圈”以及非“财务圈”。通过表 5-5 的结果发现，“经营圈”与非“经营圈”高管联结关系的公司盈余管理水平差异比较明显，对于通过操纵应计项目进行盈余管理的变量，|DA|这一变量，在区分“经营圈”与非“经营圈”高管联结关系时，两类公司的盈余管理水平是有显著差异的，“经营圈”的公司盈余管理水平显著低于非“经营圈”。对通过真实经营活动进行盈余管理的变量中，发现“经营圈”公司通过真实经营活动的盈余管理水平 RM1 在 5%的水平上显著低于非“经营圈”公司；RM2 在 5%的水平上显著高于非“经营圈”公司。以上结果说明，“经营圈”高管联结对公司盈余管理在一定程度上有抑制作用（对通过操控费用进行的真实盈余管理与通过操纵应计项目进行盈余管理）；但对于通过操纵现金流的真实经营活动的盈余管理则有促进作用，一部分结果支持假设 2。“财务圈”与非“财务圈”高管联结的结果如下：对于通过应计项目进行盈余管理的变量，“财务圈”高管联结的公司其盈余管理水平显著低于非“财务圈”高管联结公司（|DA|）。对于通过真实的经营活动进行盈余管理的变量，“财务圈”高管联结公司的盈余管理水平显著低于非“财务圈”高管联结公司（RM1）；支持假设 3。“治理圈”与非“治理圈”高管联结的结果如下：“治理圈”高管联结的公司通过异常应计项目进行盈余管理的水平（|DA|）要显著高于非

表 5-5　不同"圈子"单变量差异结果检验

变量		非"经营圈"		"经营圈"		T 检验	Z 检验	非"治理圈"		"治理圈"		T 检验	Z 检验	非"财务圈"		"财务圈"		T 检验	Z 检验
		均值	标准差	均值	标准差			均值	标准差	均值	标准差			均值	标准差	均值	标准差		
盈余管理	|DA|	0.069	0.071	0.066	0.068	2.035**	1.966**	0.065	0.068	0.069	0.072	-2.405**	-2.254**	0.068	0.071	0.049	0.037	3.750***	1.215
盈余管理（真实经营）	RM1	0.000	0.328	-0.012	0.233	2.269**	1.102	-0.015	0.240	0.001	0.328	-2.855***	-1.881*	-0.002	0.312	-0.128	0.263	3.455***	2.977***
	RM2	-0.115	2.844	0.049	0.802	-2.093**	2.038**	-0.048	0.836	-0.116	2.860	2.151**	-2.973***	-0.102	2.571	-0.097	0.182	-0.136	3.453***

注：***、**、* 分别表示在 1%、5%、10%的水平上显著；T 检验为单侧 T 检验，Z 检验为 Mann-Whitney 非参数检验。

“治理圈”高管联结公司；“治理圈”高管联结的公司通过真实的经营活动进行盈余管理的水平（RM1）显著高于非“治理圈”高管联结公司，而 RM2 则显著低于非“治理圈”高管联结的公司，部分支持假设 4。以上结果说明，不同的高管联结关系的形成机理对公司盈余管理的影响水平不同。

5.5.4 回归分析

表 5-6 是模型（5-8）至模型（5-11）的实证研究回归结果。通过对结果的分析，我们可以发现在控制了公司特征（规模、财务状况、公司业绩）以及治理特征（企业性质、外部董事比例、大股东持股等）后，主要检验了高管联结关系与盈余管理水平的相关关系。不同的盈余管理的代理变量，二者之间相关系数的显著程度不同，当公司盈余管理的代理变量为|DA|时，INTERLOCK 与|DA|之间的关系为负相关关系，但并不显著。当公司盈余管理的代理变量为真实的盈余管理行为时，INTERLOCK 与盈余管理代理变量均为负相关关系，但其中只有 RM1，在 5%的水平上显著负相关，其余的盈余管理代理变量则不显著。以上结果表明，对真实的盈余管理行为，高管联结关系有一定的抑制作用，支持假设 1。不同的高管“圈子”形成的联结关系对公司盈余管理水平的影响存在显著的差异，当公司盈余管理的代理变量为通过操纵应计项目进行盈余管理时，“经营圈”高管联结关系 LINTERLOCK_OPRT 与|DA|在 10%的水平上呈显著负相关关系（-0.004^{*}，-1.91）；“治理圈”高管联结关系 INTERLOCK_GOV 与|DA|呈负相关关系，但并不显著；“财务圈”高管联结关系 INTERLOCK_FIN 与|DA|呈负相关关系，但并不显著。以上结果表明，当公司盈余管理水平通过异常应计项目进行衡量时，不同的高管联结“圈子”对盈余管理的影响不同。总体来看，“经营圈”高管联结关系抑制通过应计项目进行盈余管理的行为比较显著，其他两个“圈子”的高管联结关系的影响作用并不显著。当公司盈余管理的代理变量为通过真实的经营活动进行盈余管理时，“经营圈”高管联结关系 INTERLOCK_OPRT 与 RM1 在 1%的水平上呈显著负相关关系（-0.117^{***}，-2.68），与 RM2 呈负相关关系，但并不显著。以上结果表明“经营圈”高管联结关

表 5-6　高管联结与盈余管理

VARIABLES	(1) |DA|	(2) |DA|	(3) RM1	(4) RM1	(5) RM2	(6) RM2
INTERLOCK	−0.002 (−1.27)		−0.016** (−2.05)		−0.097 (−1.57)	
INTERLOCK_OPRT		−0.004* (−1.91)		−0.117*** (−2.68)		−0.114 (−0.34)
INTERLOCK_GOV		−0.001 (−0.49)		−0.020** (−2.08)		−0.054 (−0.74)
INTERLOCK_FIN		−0.010 (−1.15)		−0.013* (−1.67)		−0.118* (−1.93)
STATE	−0.016*** (−14.52)	−0.016*** (−14.33)	−0.020*** (−8.12)	−0.020*** (−8.04)	0.018 (0.98)	0.017 (0.93)
SIZE	−0.000*** (−6.42)	−0.000*** (−6.35)	−0.086*** (−8.08)	−0.086*** (−8.06)	0.019 (0.23)	0.019 (0.23)
LOSS	0.033*** (17.17)	0.033*** (17.16)	−0.686*** (−12.64)	−0.683*** (−12.59)	−0.700* (−1.67)	−0.702* (−1.67)
ROA	0.025*** (7.91)	0.026*** (7.92)	0.153*** (12.07)	0.153*** (12.07)	−0.333*** (−3.40)	−0.331*** (−3.39)
LEV	0.048*** (20.04)	0.048*** (20.04)	0.001*** (5.58)	0.001*** (5.57)	−0.001 (−0.90)	−0.001 (−0.87)
BLOCK	0.000*** (3.99)	0.000*** (3.95)	−0.007 (−1.31)	−0.007 (−1.22)	−0.004 (−0.08)	−0.007 (−0.16)

续表

VARIABLES	(1) |DA|	(2) |DA|	(3) RM1	(4) RM1	(5) RM2	(6) RM2
OUTSIDE_DIRECTOR	0.004 (0.43)	0.002 (0.23)	0.005 (0.13)	0.001 (0.03)	-0.362 (-1.19)	-0.325 (-1.06)
Constant	0.037*** (7.75)	0.038*** (7.78)	0.328*** (6.50)	0.323*** (6.40)	0.030 (0.08)	0.043 (0.11)
Observations	15217	15217	14910	14910	14910	14910
R-squared	0.528	0.528	0.044	0.044	0.023	0.023
P-value	0	0	0	0	0	0

系对抑制真实的盈余管理行为具有一定的作用。“财务圈”高管联结关系INTERLOCK_FIN与RM1在10%的水平上呈显著负相关关系（–0.013*，–1.67），与RM2在10%的水平上呈显著负相关关系（–0.118*，–1.93）。以上结果表明“财务圈”高管联结关系对抑制真实的盈余管理行为具有一定的作用。“治理圈”高管联结关系INTERLOCK_GOV与RM1在10%的水平上呈显著负相关关系（–0.020**，–2.08），与RM2呈负相关关系，但并不显著，以上结果表明“治理圈”高管联结关系对抑制真实的盈余管理行为具有一定的作用。通过以上的研究表明，不同的“圈子”形成的高管联结关系对真实的经营活动中进行盈余管理的影响不同，不同的“圈子”对不同的盈余管理手段的抑制也不同，总体来看，实证结果支持假设2、假设3、假设4。

从公司特征的代理变量看，公司规模与盈余管理在1%~10%的水平上呈显著负相关关系，表明公司规模越大，盈余管理的水平越低，可能是由于大规模公司的公司治理水平较高，因此盈余管理的水平较低。损失、公司业绩、财务杠杆与盈余管理呈显著正相关关系。从公司治理特征的代理变量看，大股东持股与外部董事比例与盈余管理呈显著正相关关系。从公司的产权性质看，STATE与通过应计项目进行的盈余管理在1%的水平上呈显著负相关关系，与通过真实的经营活动进行盈余管理之间呈负相关关系，但并不显著，表明国有控股的性质对抑制盈余管理的行为有一定的作用。

表5–7是模型（5–12）至模型（5–15）的实证研究回归结果。通过对高管联结的数量与公司盈余管理回归结果的分析，可以发现当公司通过操纵应计项目进行盈余管理作为盈余管理的代理变量时，|DA|与高管联结数量INTER-LOCK_NUM之间在1%的水平上均呈显著负相关关系（–0.000***，–2.78），表明高管联结数量越多，抑制公司盈余管理水平的效率越高，盈余管理水平越低，以上结果支持假设5。当公司通过真实的经营活动进行盈余管理作为盈余管理的代理变量时，高管联结的数量INTERLOCK_NUM与RM1、RM2分别在1%~5%的水平上呈显著负相关关系（(–0.002***，–4.70)，(–0.008**，–2.15)），以上结果表明，高管联结关系的数量越多，抑制公司管理层通过真实的经营活动进行盈余管理的行为越有效，公司的盈余管理水平越低。通过

表 5-7　高管联结数量与盈余管理

VARIABLES	(1) |DA|	(2) RM1	(3) RM2	(4) |DA|	(5) |DA|	(6) |DA|	(7) RM1	(8) RM1	(9) RM1	(10) RM2	(11) RM2	(12) RM2
INTERLOCK_NUM	–0.000*** (–2.78)	–0.002*** (–4.70)	–0.008** (–2.15)	–0.000** (–2.37)	–0.000*** (–2.85)	–0.000 (–1.21)	–0.002*** (–3.75)	–0.003*** (–3.50)	–0.002*** (–4.73)	–0.011** (–2.39)	–0.004 (–0.72)	–0.008** (–2.16)
INTERLOCK_OPRT				–0.002 (–0.63)			0.005 (0.45)			0.027 (0.29)		
INTERLOCK_NUM× INTERLOCK_OPRT				0.000 (0.19)			–0.001 (–0.73)			0.005 (0.58)		
INTERLOCK_GOV						0.004** 2.22		0.001 (0.14)			–0.035 (–0.55)	
INTERLOCK_NUM× INTERLOCK_GOV						–0.000 (–1.26)		0.000 (0.32)			–0.006 (–0.83)	
INTERLOCK_FIN					–0.024 (–1.49)				–0.181** (–2.18)			–0.204 (–0.32)
INTERLOCK_NUM× INTERLOCK_FIN					0.002 (1.38)				0.009 (1.11)			0.021 (0.35)
STATE	–0.012*** (–10.60)	–0.004 (–0.81)	0.004 (0.09)	–0.012*** (–10.52)	–0.012*** (–10.60)	–0.012*** (–10.56)	–0.004 (–0.81)	–0.004 (–0.78)	–0.004 (–0.79)	0.000 (0.01)	0.001 (0.01)	0.004 (0.09)
SIZE	–0.008*** (–15.22)	–0.018*** (–7.09)	0.025 (–1.29)	–0.008*** (–15.21)	–0.008*** (–15.20)	–0.008*** (–15.18)	–0.018*** (–7.09)	–0.018*** (–7.08)	–0.017*** (–7.03)	0.025 (1.29)	0.024 (1.26)	0.025 (1.29)
LOSS	0.024*** (10.95)	–0.086*** (–8.07)	0.019 (0.24)	0.024*** (10.95)	0.024*** (10.96)	0.024*** (10.94)	–0.086*** (–8.07)	–0.086*** (–8.07)	–0.085*** (–8.04)	0.019 (0.23)	0.019 (0.23)	0.02 (0.24)
ROA	0.025** (–2.27)	–0.679*** (–12.52)	–0.681 (–1.62)	0.025** (2.27)	0.025** (2.28)	0.025** (2.27)	–0.679*** (–12.52)	–0.679*** (–12.52)	–0.675*** (–12.44)	–0.678 (–1.61)	–0.681 (–1.62)	–0.678 (–1.62)

续表

VARIABLES	(1) |DA|	(2) RM1	(3) RM2	(4) |DA|	(5) |DA|	(6) |DA|	(7) RM1	(8) RM1	(9) RM1	(10) RM2	(11) RM2	(12) RM2
LEV	0.058*** (22.6)	0.153*** (12.14)	-0.328*** (-3.36)	0.058*** (22.59)	0.058*** (22.59)	0.058*** (22.64)	0.153*** (12.12)	0.153*** (12.13)	0.154*** (12.16)	-0.325*** (-3.32)	-0.327*** (-3.34)	-0.328*** (-3.36)
BLOCK	0.000*** (6.86)	0.001*** (5.31)	-0.001 (-1.01)	0.000*** (6.84)	0.000*** (6.84)	0.000*** (6.81)	0.001*** (5.31)	0.001*** (5.3)	0.001*** (5.3)	-0.001 (-1.00)	-0.001 (-0.99)	-0.001 (-1.02)
OUTSIDE_ DIRECOTR	0.007 (0.79)	0.015 (0.39)	-0.332 (-1.09)	0.006 (0.71)	0.007 (0.79)	0.006 (0.7)	0.013 (0.33)	0.012 (0.32)	0.015 (0.38)	-0.282 (-0.92)	-0.271 (-0.88)	-0.333 (-1.09)
Constant	0.192*** (17.26)	0.277*** (5.38)	-0.156 (-0.39)	0.192*** (-17.28)	0.192*** (-17.25)	0.190*** (-17.03)	0.277*** (-5.37)	0.276*** (-5.35)	0.274*** (-5.33)	-0.171 (-0.43)	-0.139 (-0.35)	-0.153 (-0.39)
Observations	15217	14910	14910	15217	15217	15217	14910	14910	14910	14910	14910	14910
R-squared	0.532	0.045	0.023	0.532	0.532	0.533	0.045	0.045	0.046	0.024	0.024	0.023
P-value	0	0	0	0	0	0	0	0	0	0	0	0

以上的研究结果，我们发现高管联结不仅可以抑制公司的盈余管理行为，而且当高管联结的数量越多时，公司的盈余管理水平越低，抑制效果越明显，假设 5 得到了验证。

本章分析了公司高管不同的“圈子”所形成的高管联结关系随着高管联结数量的增加，对公司盈余管理水平的影响程度是如何变化的。当公司通过操纵应计项目进行盈余管理作为盈余管理的代理变量时，“经营圈”高管联结关系 INTERLOCK_OPRT 与|DA|之间呈负相关关系但并不显著。此外，高管联结关系的数量与“经营圈”高管联结之间的交互项 INTERLOCK_NUM×INTERLOCK_OPRT 与|DA|之间的相关关系并不显著。以上结果表明，虽然高管联结关系的数量与盈余管理行为呈显著负相关关系，但“经营圈”的高管联结关系的数量越多，抑制盈余管理行为的效果越不明显。“财务圈”高管联结关系 INTERLOCK_FIN 与|DA|之间呈负相关关系但并不显著。另外，高管联结的数量 INTERLOCK_NUM 与“财务圈”高管联结 INTERLOCK_FIN 的交互项 INTERLOCK_NUM×INTERLOCK_FIN 与|DA|之间呈正相关关系且并不显著。以上结果表明，虽然高管联结数量越多，盈余管理水平越低，但对于“财务圈”高管联结而言，高管联结数量越多，其抑制盈余管理水平的效果越不显著，而且盈余管理呈增长态势。“治理圈”高管联结与|DA|之间在 5%的水平上呈显著正相关关系（0.004**，2.22），此外，高管联结的数量 INTERLOCK_NUM 与“治理圈”高管联结 INTERLOCK_GOV 的交互项 INTERLOCK_NUM×INTERLOCK_GOV 与|DA|呈负相关关系但并不显著，表明当“治理圈”高管联结关系越来越多时，治理作用发挥效率降低，抑制盈余管理的水平降低。以上研究结果不支持假设 5a、假设 5b 和假设 5c。原因可能在于高管联结本身对盈余管理有抑制作用，但细分为不同的“圈子”时，“治理圈”“财务圈”和“经营圈”高管联结的数量越多，其经营效率或者说业务处理效率则会降低，从而无法抑制盈余管理行为，因此伴随着盈余管理水平的提高。

当盈余管理水平的代理变量为通过真实的经营活动进行盈余管理时，“经营圈”“财务圈”与“治理圈”高管联结关系与 RM1、RM2 的相关关系并不显著，说明三个“圈子”的高管联结对真实盈余管理行为的抑制作用并不明显。INTERLOCK_NUM×INTERLOCK_OPRT（(-0.001，-0.73)，(0.005，0.58)）为高管联结数量与高管联结“经营圈”的交互项，表明当公司间的联结关系是由“经营圈”的高管联结建立时，联结数量与公司盈余管理之间是负相关关系，该结果说明，虽然公司间的高管联结关系的数量越多，抑制公司盈余管理水平的效率也越高，但对于由“经营圈”高管建立的联结关系而言，联结数量越多，盈余管理抑制水平越差，盈余管理的抑制效果并不显著。这样的结果可能是由于繁忙的“经营圈”高管，其精力有限，联结数量越多，“经营圈”高管越繁忙，公司经营的效率越低，盈余管理水平越高。INTERLOCK_NUM×INTERLOCK_GOV 为高管联结数量与“治理圈”的交互项（(0.000，0.32)，(-0.006，-0.83)），其结果与“经营圈”高管联结关系类似，表明与其他圈子的联结关系相比，“治理圈”高管联结数量越多，公司盈余管理水平越高，意味着“治理圈”的高管兼任职位形成的公司间的联结关系，可能会随着“治理圈”高管的兼任职位的增加，繁忙的“治理圈”高管降低了公司的治理效率，从而降低了抑制盈余管理水平的效率。INTERLOCK_NUM×INTERLOCK_FIN 为高管联结数量与“财务圈”高管的交互项（(0.009，1.11)，(0.021，0.35)），表明当公司间的联结关系是由“财务圈”的高管联结建立时，联结数量与公司盈余管理水平呈正相关关系，但并不显著。以上研究结果表明，当盈余管理的代理变量为真实的盈余管理行为时，虽然高管联结关系可以抑制公司的盈余管理行为，但“经营圈”“财务圈”和“治理圈”高管联结关系的数量越多，抑制的效率越不显著。究其原因可能在于两个方面：其一，相对于通过操纵应计项目进行盈余管理，真实的盈余管理行为更加隐蔽，不易被发现；其二，当三个“圈子”的高管联结关系数量越多，意味着高管越“繁忙”，“繁忙”的高管联结关系更不容易识别隐蔽的真实的盈余管理行为。综上，“经营圈”“财务圈”和“治理圈”高管联结关系的数量与真实的盈余管理行为之间的相关性并不显著，说明不同“圈子”的高管联结关系数量对识别真实的盈余管理行为的作用并不明显，不支持假设 5a、假设 5b 和假设 5c。

5.5.5 稳健性检验

5.5.5.1 内生性检验

基于本章的实证研究结果，高管联结关系伴随着更低的盈余管理水平。与其他盈余管理的相关研究一样，本章结论也存在内生性的问题。本章的结论是，公司间的高管联结关系会降低盈余管理水平，但也存在另一种竞争性的解释——可能是盈余管理水平较低的公司会倾向于选择行业内声誉较高的高管兼任相应的职位或者是高管本身愿意选择盈余管理水平较低的公司，从而为公司建立了联结关系。为了排除这样的可能性，本书借鉴 Fich 和 Shivdasani（2006）使用的方法，高管联结关系相关的变量滞后 2 年以及 3 年的值进行回归分析。回归结果如表 5-8、表 5-9 所示，通过结果我们发现，主要变量与盈余管理之间的研究结果并没有发生重大改变。

5.5.5.2 使用其他的盈余管理的代理变量

对于盈余管理的代理变量的考虑，除了在主回归中不仅使用了异常应计项目作为代理变量，而且使用了通过真实的经营活动进行盈余管理的代理变量。为了实证结果更加稳健，我们在这里参照以前学者的研究，使用 Kothari 等（2005）在文章中提出的经公司业绩调整后异常应计额的绝对值作为盈余管理的代理变量，将该变量代入模型（5-8）至模型（5-15）中，得到的回归结果如表 5-10 所示，通过对结果的分析，我们发现高管联结、高管联结数量以及不同“圈子”对公司盈余管理的影响没有发生较大的变化，结论基本与主回归一致。

表 5-8 稳健性检验——滞后变量 2 年

VARIABLES	(1) |DA|	(2) |DA|	(3) |DA|	(4) |DA|	(5) |DA|	(6) |DA|
L2_INTERLOCK	-0.005^{***} (−2.90)					
L2_INTERLOCK_NUM			-0.000^{***} (−3.85)	-0.000^{***} (−3.25)	-0.000^{***} (−3.89)	-0.000^{***} (−2.60)
L2_INTERLOCK_OPRT		-0.003^{*} (−1.81)		0.003 (1.39)		
L2_INTERLOCK_OPRT×INTERLOCK_NUM				−0.000 (−0.73)		
L2_INTERLOCK_GOV		-0.004^{***} (−2.64)				−0.001 (−0.52)
L2_INTERLOCK_GOV×INTERLOCK_NUM						0.000 (−0.06)
L2_INTERLOCK_FIN		-0.015^{*} (−1.78)			-0.028^{*} (−1.78)	
L2_INTERLOCK_FIN×INTERLOCK_NUM					0.002 (1.37)	
LOSS	0.033^{***} (16.88)	0.033^{***} (16.91)	0.026^{***} (11.47)	0.026^{***} (11.51)	0.026^{***} (11.49)	0.026^{***} (11.48)
LEV	0.055^{***} (21.96)	0.055^{***} (21.96)	0.064^{***} (23.94)	0.064^{***} (23.95)	0.064^{***} (23.94)	0.064^{***} (23.94)
STATE	-0.011^{***} (−9.62)	-0.011^{***} (−9.67)	-0.008^{***} (−6.67)	-0.008^{***} (−6.75)	-0.008^{***} (−6.69)	-0.008^{***} (−6.68)

续表

VARIABLES	(1) |DA|	(2) |DA|	(3) |DA|	(4) |DA|	(5) |DA|	(6) |DA|
SIZE	-0.007*** (-13.97)	-0.007*** (-13.97)	-0.007*** (-13.97)	-0.007*** (-13.97)	-0.007*** (-13.95)	-0.007*** (-13.97)
ROA	0.043*** (3.81)	0.043*** (3.81)	0.043*** (3.81)	0.043*** (3.83)	0.043*** (3.85)	0.043*** (3.81)
L2_BLOCK	0.000 (-1.06)	0.000 (-1.03)	0.000 (0.93)	0.000 (0.99)	0.000 (0.92)	0.000 (0.96)
L2_OUTSIDE_DIRECTOR	0.005 (0.5)	0.005 (0.52)	0.006 (0.56)	0.007 (0.67)	0.005 (0.56)	0.006 (0.63)
Constant	0.052*** (10.57)	0.052*** (10.57)	0.198*** (17.48)	0.197*** (17.35)	0.198*** (17.47)	0.198*** (17.46)
Observations	15217	15217	15217	15217	15217	15217
R-squared	0.537	0.121	0.126	0.126	0.126	0.126
P-value	0	0	0	0	0	0

表 5-9 稳健性检验——滞后变量 3 年

VARIABLES	(1) |DA|	(2) |DA|	(3) |DA|	(4) |DA|	(5) |DA|	(6) |DA|
L3_INTERLOCK	−0.007*** (−4.39)					
L3_INTERLOCK_NUM			−0.000*** (−3.91)	−0.001*** (−3.86)	−0.001*** (−3.97)	−0.000** (−2.49)
L3_INTERLOCK_OPRT		−0.005*** (−2.67)		0.001 (0.56)		
L3_INTERLOCK_NUM×INTERLOCK_OPRT				0.000 (0.41)		
L3_INTERLOCK_GOV		−0.007*** (−4.14)				−0.003 (−1.45)
L3_INTERLOCK_NUM×INTERLOCK_GOV						0.000 (−0.05)
L3_INTERLOCK_FIN		0.000 (0.05)			−0.001 (−0.05)	
L3_INTERLOCK_NUM×INTERLOCK_FIN					0.001 (0.59)	
LOSS	0.033*** (15.9)	0.033*** (15.9)	0.026*** (11.19)	0.027*** (11.22)	0.026*** (11.16)	0.027*** (11.23)
LEV	0.055*** (20.33)	0.055*** (20.36)	0.065*** (22.6)	0.065*** (22.63)	0.064*** (22.59)	0.065*** (22.65)
STATE	−0.012*** (−9.17)	−0.012*** (−9.22)	−0.008*** (−6.48)	−0.009*** (−6.52)	−0.008*** (−6.46)	−0.008*** (−6.49)

续表

VARIABLES	(1) |DA|	(2) |DA|	(3) |DA|	(4) |DA|	(5) |DA|	(6) |DA|
SIZE	-0.000*** (-7.87)	-0.000*** (-7.94)	-0.008*** (-13.63)	-0.008*** (-13.63)	-0.008*** (-13.64)	-0.008*** (-13.66)
ROA	0.031*** (8.97)	0.031*** (8.95)	0.057*** (4.77)	0.057*** (4.8)	0.056*** (4.75)	0.057*** (4.81)
L3_BLOCK	-0.000** (-2.43)	-0.000** (-2.38)	0.000 (-0.56)	0.000 (-0.51)	0.000 (-0.58)	0.000 (-0.49)
L3_OUTSIDE_DIRECTOR	-0.006 (-0.59)	-0.006 (-0.52)	-0.005 (-0.48)	-0.004 (-0.34)	-0.005 (-0.47)	-0.003 (-0.32)
Constant	0.057*** (10.05)	0.057*** (10.05)	0.206*** (16.94)	0.205*** (16.83)	0.206*** (16.94)	0.206*** (16.96)
Observations	13475	13475	13475	13475	13475	13475
R-squared	0.537	0.123	0.129	0.129	0.129	0.129
P-value	0	0	0	0	0	0

表 5-10 稳健性检验——替换变量

VARIABLES	(1) |DA|_K	(2) |DA|_K	(3) |DA|_K	(4) |DA|_K	(5) |DA|_K	(6) |DA|_K
INTERLOCK	-0.003** (-2.08)					
INTERLOCK_NUM			-0.000*** (-4.79)	-0.000*** (-3.98)	-0.000*** (-4.81)	-0.000*** (-2.90)
INTERLOCK_OPRT		-0.006*** (-3.26)		-0.003 (-1.26)		
INTERLOCK_OPRT×INTERLOCK_NUM				0.000 (0.29)		
INTERLOCK_GOV		-0.001 (-1.00)				0.004** (2.45)
INTERLOCK_GOV×INTERLOCK_NUM						0.000 (0.91)
INTERLOCK_FIN		-0.003 (-0.42)			-0.008 (-0.53)	
INTERLOCK_FIN×INTERLOCK_NUM					0.001 (0.62)	
SIZE	-0.000*** (-6.88)	-0.000*** (-6.80)	-0.006*** (-13.38)	-0.006*** (-13.34)	-0.006*** (-13.38)	-0.006*** (-13.31)
ROA	0.031*** (10.45)	0.031*** (10.47)	0.172*** (17.33)	0.172*** (17.32)	0.172*** (17.33)	0.172*** (17.33)
LOSS	0.003* (1.94)	0.003* (1.93)	0.012*** (6.15)	0.012*** (6.15)	0.012*** (6.15)	0.012*** (6.14)

续表

VARIABLES	(1) |DA|_K	(2) |DA|_K	(3) |DA|_K	(4) |DA|_K	(5) |DA|_K	(6) |DA|_K
LEV	0.024*** (10.96)	0.024*** (10.98)	0.044*** (18.98)	0.044*** (18.96)	0.044*** (18.97)	0.045*** (19.02)
BLOCK	0.000*** (3.65)	0.000*** (3.62)	0.000*** (5.50)	0.000*** (5.47)	0.000*** (5.49)	0.000*** (5.44)
OUTSIDE_DIRECTOR	0.006 (0.84)	0.004 (0.51)	0.008 (1.000)	0.006 (0.82)	0.008 (1.000)	0.006 (0.82)
Constant	0.048*** (10.77)	0.048*** (10.87)	0.159*** (15.91)	0.160*** (15.95)	0.159*** (15.91)	0.157*** (15.65)
Observations	15217	15217	15217	15217	15217	15217
R-squared	0.063	0.063	0.080	0.080	0.080	0.080
P-value	0	0	0	0	0	0

5.6 小 结

本章通过对高管联结关系的形成机理进行了研究，对具有某些共同个人属性特征的高管形成的高管联结关系如何对盈余管理产生影响以及其影响是否存在差异进行了实证研究。具体而言，将高管按照个人属性特征——职务分为不同的高管“圈子”，将高管联结关系按照不同的“圈子”分为“经营圈”“治理圈”以及“财务圈”高管联结，并对不同的“圈子”对盈余管理的影响进行了分析。通过以往文献的研究，对盈余管理的动机以及现状进行了分析，发现上市公司通过操纵应计项目进行盈余管理逐步降低，而通过真实的经营活动进行盈余管理的行为逐步增加，因此本章从应计盈余管理和真实盈余管理两个方面研究了高管联结关系对公司的盈余管理水平的影响，同时研究了高管联结关系的数量是如何影响公司的盈余管理水平。此外，由于高管联结是由不同“圈子”的高管通过兼任职位形成的。因此，本章对于“经营圈”“财务圈”和“治理圈”高管联结对盈余管理的影响进行了进一步的分析。

通过实证研究发现：

（1）上市公司高管联结可以抑制通过应计项目以及真实的经营活动进行盈余管理的行为。

（2）不同的“圈子”对应计项目盈余管理与真实经营活动的盈余管理的影响不同，其中“经营圈”高管联结对通过应计项目进行盈余管理的抑制效果较“财务圈”与“治理圈”更加显著，而“经营圈”“财务圈”与“治理圈”高管联结对真实的经营活动进行盈余管理的抑制效果较好。

（3）高管联结的数量越多，抑制盈余管理的效率越高；不同的“圈子”的联结数量增加对应计项目盈余管理的抑制效果基本一致，“经营圈”“财务圈”与“治理圈”高管联结的数量越多，应计项目的盈余管理的抑制效果越差。三个“圈子”高管联结的数量越多，抑制通过真实的经营活动进行盈余管理的效果越差。

第 6 章　高管联结对资本成本影响的实证研究

6.1　概　述

在资本市场中，公司可以通过负债和权益两种方式获得所需资金。相对于权益资本成本而言，债务资本成本的确定比较明确。投资者通过权益投资的方式将资金投入到公司中，并对所投入的资金要求一定回报，投资者要求的投资收益率与公司的权益资本成本一致。投资者通过对公司风险水平的评估，进而要求与风险水平配比的投资收益率。公司的高管（“经营圈”“财务圈”与“治理圈”）通过经营与治理公司，尽可能降低公司的各项风险，提高公司的信息透明度并且向市场传递积极信号，有利于降低投资者对公司的预期收益率，从而降低公司的权益资本成本。已有的大量研究表明，公司的资本成本，尤其是权益资本成本的影响因素不仅是市场风险，公司特征、法律环境、投资者保护程度、信息披露质量以及公司治理的情况，也成为影响权益资本成本的主要因素。此外，有少数学者从管理层的政治关联为研究出发点，检验了政治关联对公司权益资本成本的影响，也有部分学者从社会学的视角为研究出发点，研究了管理层所处的社会网络对公司的权益资本成本的影响。

对公司或管理层个人而言，都是处于社会网络结构中的一员，因此，无论是公司行为还是管理层个人的决策都会受到其所处的社会网络结构中所镶嵌的社会资源以及其他社会网络中成员的影响（Granovetter，1985）。公司的权益资本成本的确定不再单纯受到公司特征、治理情况以及外部法律环境的影响，也会受到公司高管的影响。因此，鉴于以社会学为研究视角的相关研究数量较少，本章以公司以及高管的社会网络关系为研究视角，以高管联结的形成机理作为研究的切入点，对具有某些相同个人属性特征的高管通过兼任职位的方式形成的联结关系与公司的权益资本成本之间的关系进行研究，旨在对影响公司权益资本成本的社会网络因素进行分析。

6.2 文献综述

目前，已有的关于权益资本成本的研究主要集中于权益资本成本的影响因素的分析，主要有公司特征（公司规模、财务杠杆、账面市值比等）、信息披露质量以及信息透明度、法律环境以及投资者保护环境、公司治理特征、政治关联以及管理层特征（如管理层能力）等。

公司特征对权益资本成本的影响：Gebhardt 和 Swaminathan（2001）指出，公司的资本成本取决于行业特征、BM 比率、长期增长率以及分析师预测差异。叶康涛和陆正飞（2004）通过研究指出，除了 Gebhardt 等（2001）提到的影响权益资本成本的公司特征外，行业差别也是影响权益资本成本的重要因素，他们发现，文化传媒、电子等行业的权益资本成本相对于传统行业的要高。Dhaliwal 等（2006）检验了财务杠杆、公司以及个人税赋与权益资本成本之间的关系，发现在债务税盾为公司带来好处时，财务杠杆伴随着的权益风险溢价降低，也就是权益资本成本较高；当投资者面临债务带来的税收惩罚时，财务杠杆伴随着的权益风险溢价增加，权益资本成本较低。Cheng 等（2006）对股东权利与权益资本成本之间的关系进行了研究，发现当公司的股东权利较强时，公司的财务透明度较高，权益资本成本较低。姜付秀和陆正飞（2006）指出，公司可以通过多元化降低风险，但多元化不利于股东财富的增加，因此作者对公司多元化与权益资本成本之间的关系进行了检验，发现多元化的公司往往伴随着更高的权益资本成本。马连福、胡艳和高丽（2008）指出，在控制了BETA、ROA、账面市值比、资产周转率、杠杆率以及公司规模等影响因素后，投资者关系管理水平与权益资本成本呈显著负相关关系。McInnis（2010）通过对管理层盈余平滑与权益资本成本的检验，发现二者之间并没有显著的负相关关系。Li（2010）指出，在法律环境较好的国家中，强制采用IFRS可以显著降低公司的权益资本成本。Chen等（2011）检验了国有与非国有企业中，盈余管理的审计质量与权益资本成本之间的关系，发现非国有企业的审计质量较高，投资者的权益资本成本较低。

信息披露质量以及信息透明度与权益资本成本，Botosan（1999）指出，自愿信息披露的水平越高，公司的权益资本成本越低，同时发现，当较多分析师关注公司时，上述显著负相关关系则不再存在。汪炜和蒋高峰（2004）指出，公司的信息披露水平与权益资本成本之间呈显著的负相关关系。曾颖和陆正飞（2006）通过研究指出，在控制了公司风险、规模、BM比率、财务杠杆等因素后，信息披露质量与权益资本成本呈显著负相关关系。Lambert、Leuz和Verrecchia（2007）指出，会计信息质量以直接或间接的形式影响公司的权益资本成本。Francis、Nanda和Olsson（2008）指出，自愿性信息披露的公司往往伴随着较高的盈余质量；自愿性信息披露越多，权益资本成本越低。Dhaliwal等（2011）对自愿披露社会责任报告与权益资本成本之间的关系进行了检验，发现自愿披露社会责任报告的公司伴随着更低的权益资本成本；此外，以前年度较高权益资本成本的公司，在加入自愿披露社会责任报告的队伍后，其权益资本成本在随后会计年度得到了大幅度降低。袁放建、冯琪和韩丹（2013）指出，自愿性的内部控制鉴证报告向市场传递信息，从而降低了公司的权益资本成本。

法律以及投资者保护与权益资本成本，Himmelberg等（2004）指出，加强投资者保护方面的立法将会提高资本使用效率，公司可以获得较低的权益资本成本。沈艺峰、肖珉和黄娟娟（2005）通过研究发现，中小投资者保护程度越高，权益资本成本越低。姜付秀、支晓强和张敏（2008）通过构建投资者保护指数，对投资者保护与权益资本成本进行研究发现，投资者保护程度越强，权益资本成本越低。肖珉和沈艺峰（2008）以先发行 H 股又发行 A 股的上市公司为样本，检验了法律环境与权益资本成本之间的关系，发现相比于其他类型的上市公司而言，此类上市公司的权益资本成本相对较低，同时指出较低的权益资本成本是由于香港地区投资者保护较为严格有效。Chen 等（2009）指出，在新兴经济体中，公司层面的公司治理与权益资本成本呈显著负相关关系，并且在法律保护环境相对较差的国家中，上述负相关关系更加显著。肖松和赵峰（2010）通过研究发现，法律保护投资者的强度与权益资本成本之间呈显著的负相关关系。

公司治理特征对权益资本成本的影响：Ashbaugh 等（2004）对多项公司治理机制与权益资本成本之间的关系进行了检验，发现当公司的财务透明度较低时，权益资本成本较高；独立审计委员会伴随着更低的权益资本成本；股权越集中，权益资本成本越高；董事会的独立性与权益资本成本呈显著负相关关系；审计委员会伴随着较低的权益资本成本。吕暖纱、杨锋、陆正华和陈远志（2007）指出，董事会规模越大，公司的权益资本成本越高；公司的董事长和总经理分别由两人任职时，权益资本成本相对较低。Ogneva 等（2007）检验了披露内控缺陷与权益资本成本之间的关系，发现相比于无内部控制缺陷公司而言，存在内部控制缺陷公司的权益资本成本更高，但在控制了公司特征以及分析师预测偏差后，上述关系则不成立，作者指出没有直接证据表明，存在内部控制缺陷的公司伴随着更高的权益资本成本。醋卫华（2013）以 2004~2008 年的“中国最受尊敬的企业”作为样本，检验了声誉机制与权益资本成本之间的关系，发现良好的声誉与权益资本成本呈显著负相关关系，有助于降低公司的权益资本成本。周嘉南和雷霆（2014）通过对股权激励与权益资本成本的检验，发现股权激励增加了公司的权益资本成本。王敏和夏勇（2011）将内部控制质量影响权益资本成本的路径分为两类：直接影响路径和间接影响路径。

管理层与权益资本成本之间的研究，于富生、张胜和李岩（2011）检验了管理层的过度自信与权益资本成本之间的关系，发现当管理层过度自信时，其投资效率越低，公司的权益资本成本越高。肖浩和夏新平（2010）对334 家配股的上市公司进行了研究，发现政治关联在政府干预较为严重的公司中，其权益资本呈越高，同时指出，国有企业中，政治关联对权益资本成本并没有显著影响，而在非国有企业中，政治关联提高了公司的权益资本成本。魏卉和杨兴全（2011）通过研究检验了最终控制权和现金流权的分离对权益资本成本的影响，发现对现金流的控制权越强，权益资本成本越低；上述两种控制权的分离程度越大，权益资本成本越高。赵峰和高明华（2012）以非国有企业为研究样本，对政治关联与权益资本成本之间的关系进行了检验，指出在非国有企业中，政治关联往往伴随着较低的权益资本成本，而这种关系在加入政府干预因素后更加显著。Boubakri 等（2012）对政治关联与权益资本成本之间的关系进行了检验，发现投资者对有政治关联的公司要求较低的风险溢价，权益资本成本较低，意味着与无政治关联的公司相比，投资者认为政治关联公司的风险较小。魏卉、吴昊旻和谭伟荣（2012）检验了高管薪酬激励与权益资本成本之间的关系，发现高管的货币性薪酬激励越高，权益资本成本越低，作者没有发现股权激励与权益资本成本之间存在显著的相关性。游家兴和刘淳（2011）使用网络关系、网络地位以及网络声誉等指标度量公司高管的社会资本，检验了社会资本与权益资本成本的关系，发现管理层的社会资本与权益资本成本呈负相关关系，社会资本有助于降低公司的权益资本成本。

综上所述，公司的权益资本成本受到了公司特征（BETA、BM 比率、财务杠杆）的影响，信息披露质量越高，信息透明度越高，公司的权益资本成本越低；投资者保护的法律以及环境越健全，权益资本成本越低；公司治理情况越完善，权益资本成本越低；高管的薪酬激励、社会资本越多，权益资本成本越低。已有的关于权益资本成本的研究，较多关注于公司特征、外部环境以及公司治理情况，很少有研究关注高管的社会属性特征对权益资本成本的影响。

6.3 制度背景分析与研究假设

公司的资本成本决定了公司的价值，获得较低的资本成本不仅可以提高公司的竞争力，而且可以提高公司的投资效率，从而增加公司价值，而权益资本成本的高低则取决于投资者对公司风险所要求的期望回报率，投资者认为公司的风险越高，公司的权益资本成本越高，投资者认为风险越低，公司的权益资本成本越低。以往的研究发现，权益资本成本受到公司特征、信息披露质量以及信息透明度、投资者保护程度以及公司治理完善程度的影响。综合来看，以上影响因素除公司特征及投资者保护程度外，归根结底影响的是公司与投资者之间信息不对称的程度，公司的信息透明度越高，投资者可以获得的公司的真实信息越多，所面临的风险则越低，投资者的预期投资收益率越低，公司的权益资本成本越低。另外，从整体的投资环境分析，当投资者保护环境较好时，投资者的投资风险较低，其预期投资收益率越低，公司的权益资本成本越低。此外，公司的信息透明度在投资者决定投资收益率高低的过程中具有重要的作用，信息透明度的高低决定着投资者与公司之间信息不对称程度的高低，可以向投资者传递公司风险大小的信号。综上，在公司层面，投资者要求的投资收益率的高低更多地取决于公司的风险以及信息不对称的程度，风险越高、信息不对称程度越高，公司的权益资本成本越高，反之则越低。本章将对高管联结关系对权益资本成本的影响展开研究，分析具有某些相同个人属性特征的高管所形成的联结关系是否会对公司的权益资本成本产生影响。

6.3.1 高管联结对权益资本成本的影响

依据前面两章的实证研究结果表明，高管联结可以提高公司业绩并且可以降低公司的盈余管理水平。公司的高管通过兼任职位所形成的联结关系网络不仅为高管提供了丰富的关于公司经营与治理的各种资源及信息，也为高管提供了各专业领域的声誉积累、社会地位以及丰富的社会资本。因此，高管联结分别从主观动机及客观能力两个角度为高管提供了提高公司业绩以及降低盈余管理水平的有效基础。依据声誉激励假说理论以及前面两章实证研究的结果，公司的高管为了获得更多的兼任职位的机会、在相关领域积累专家声誉、获得更高的社会地位以及获取联结网络中镶嵌的社会资本，会通过降低公司的经营风险、治理风险、降低信息不对称的程度，进而降低公司的权益资本成本，向外界传递良好的公司经营以及治理信号，以便获得更多的社会资本及专家声誉。从客观能力方面分析，一方面，公司的高管可以通过高管联结关系获取镶嵌在高管联结网络中的各种降低公司权益资本成本相关的经营以及治理的信息和资源，有助于提高降低权益资本成本的效率；另一方面，高管联结关系本身具有学习效应，公司的高管可以通过正式或非正式的沟通与交流，获得其他公司降低权益资本成本的有效经营或治理措施，有助于更有效地降低公司的权益资本成本。基于以上分析，我们提出本章的第一个假设：

假设 1：公司间的高管联结关系会降低公司的权益资本成本。

6.3.2 “经营圈”高管联结与权益资本成本

“经营圈”高管主要是公司的经营方面的管理层，其主要职责是做出公司的日常经营以及投融资相关的决策，公司的权益资本成本的高低很大程度上取决于“经营圈”高管。一方面，“经营圈”高管掌握着公司业务的决策权，也决定着公司所面临的经营风险的大小；另一方面，“经营圈”高管掌握着是否通过操纵财务数据进行盈余管理等增加投资者信息不对称程度的权力，也掌握着是否披露更多对投资者做出投资决策有用的信息并提高公司信息透明度、降低投资者信息不对称程度的权力。综合以上分析，“经营圈”高管决定着公司的经营风险以及信息不对称的程度，对降低公司的权益资本成本起着至关重要的作用。以下我们通过“经营圈”高管的主观意愿以及客观能力两方面分析其对公司权益资本成本的影响。

首先，从“经营圈”高管的主观意愿为出发点，由于现代公司的两权分离，产生了股东与管理层之间的委托—代理冲突，而产生委托—代理冲突的重要因素则是二者之间关于公司经营上的信息不对称。高管很可能通过一系列短视以及自利行为损害投资者的利益，为了抑制“经营圈”高管的上述行为，薪酬激励以及一系列公司治理机制应运而生。部分关于高管与权益资本成本的研究表明，高管过度自信可能会导致公司投资效率低下，并伴随着较高的权益资本成本（于富生等，2011）和较高的高管货币薪酬激励，以及较低的权益资本成本（魏卉等，2012）。以上研究结果表明，公司的权益资本成本的高低在一定程度上取决于高管的主观意愿以及心理状态。因此，依据前面提到的声誉激励理论，“经营圈”高管为了获得更多的兼任职位的机会、积累专业领域中的专家声誉、获得更高的社会地位，可能会着力降低公司的经营风险，并提高公司的信息透明度，从而降低投资者的信息不对称程度，降低公司的权益资本成本。“经营圈”高管通过获得较低的权益资本成本向外界传递其经营专家的品质以及能力的信号，有助于其获得更多的兼任职位、专家声誉以及更高的社会地位。

其次，从客观能力的角度分析，“经营圈”高管通过兼任职位形成的联结关系网络中镶嵌着丰富的与公司经营以及降低公司权益资本成本相关的信息以及各种决策资源，因此，处于高管联结网络中的“经营圈”高管可以获得降低权益资本成本的各种所需资源，从而用于降低本公司的权益资本成本。此外，高管联结网络具有“学习效应”，“经营圈”高管可以通过高管联结网络提供的信息传递渠道以及与处于网络中其他高管的正式以及非正式的沟通交流获得其他公司降低权益资本成本的途径，进而通过效仿或学习其他公司的行为，降低本公司的权益资本成本。基于以上分析，我们提出本章的第二个假设：

假设 2：与其他职业背景形成的高管联结关系相比，由“经营圈”形成的高管联结关系，伴随着更低的权益资本成本。

6.3.3 “财务圈”高管联结与权益资本成本

“财务圈”的高管，主要指的是公司中财务工作相关的高管（财务总监、总会计师等），其主要职责是制定公司的投资、融资方案以及报告真实可靠的公司经营的财务信息等。因此，“财务圈”高管对公司的权益资本成本也具有重要的影响。

首先，由于“财务圈”高管的职业原因，其专业领域大部分专家都具备财务相关专业知识与职业背景，与其专业能力相关的信息在“圈子”中传递速度较快。“财务圈”高管通过公司的较低的权益资本成本向外界传递其财务专家的能力的信号，从而建立并积累专家声誉。

其次，从客观胜任能力的角度分析，“财务圈”高管通过利用高管联结网络中镶嵌的各项信息以及资源可以制定有效的融资方案，尽可能报告真实有效的财务信息，降低投资者的信息不对称程度，从而降低公司的权益资本成本。

最后，“财务圈”高管可以通过高管联结网络的学习效应，参考与借鉴其他公司降低权益资本成本的方法与途径，降低本公司的权益资本成本。基于以上分析，我们提出本章的第三个假设：

假设 3：与其他职业背景形成的高管联结关系相比，由“财务圈”形成的高管联结关系，伴随着更低的权益资本成本。

6.3.4 “治理圈”高管联结与权益资本成本

“治理圈”高管（如独立董事、外部董事、监事等）的主要职责为监督公司管理层做出的与公司经营相关的决策行为，另外需要提出各项有效的公司治理的机制，可以有效统一股东与管理层的目标函数，缓解由信息不对称产生的委托—代理矛盾。鉴于投资者对公司权益资本成本的高低取决于公司的风险以及信息不对称的程度，“治理圈”高管的主要职责在于监督管理层做出相关的经营决策，降低公司的风险，同时“治理圈”高管通过制定的各项公司治理机制，确保公司的财务信息报告真实可靠，提高公司的信息透明度，降低投资者的信息不对称的程度，从而获得较低的权益资本成本。基于以上分析，我们发现“治理圈”高管在决定公司权益资本成本的高低中具有至关重要的作用。以下我们从“治理圈”高管的主观意愿以及客观能力两个方面分析其对公司权益资本成本的影响。

首先，从“治理圈”高管的主观意愿为出发点分析，简而言之，“治理圈”高管主要职责是缓解股东与管理层之间由于信息不对称产生的委托—代理冲突。“治理圈”高管的主要职能在于提高公司的信息透明度，降低股东的信息不对称的程度。另外，依据前面提到的声誉激励假说，“治理圈”高管为了获得更多的董事会职位、积累相关领域的专家声誉、社会地位等，会提供更加严格的监督工作，提供公司的信息透明度，从而降低投资者的信息不对称程度，进而可以降低公司的权益资本成本。此外，“治理圈”高管也可以通过公司较低的权益资本成本向外界（董事职位市场）传递其治理的能力与专家品质的信号，有助于其获得更多职位、积累专家声誉、提高社会地位。

其次，从“治理圈”高管的客观胜任能力分析，一方面，“治理圈”高管获取通过建立的高管联结网络中镶嵌的提高信息透明度的各项有效机制的信息以及资源，运用到本公司的公司治理工作中，提高本公司的信息透明度，降低信息不对称的程度，从而降低公司的权益资本成本。另一方面，“治理圈”高管通过高管联结网络的“学习效应”，效仿其他公司的公司治理机制，提高监督效率，降低信息不对称的水平，从而也可以降低公司的权益资本成本。此外，从“治理圈”高管本身来讲，是各领域的专家（如律师、注册会计师、大学教授、学者等），因此其具备公司治理所需的各专业知识与职业经验。基于以上分析，我们提出本章的第四个假设：

假设 4：与其他职业背景形成的高管联结关系相比，由“治理圈”形成的高管联结关系，伴随着更低的权益资本成本。

高管的兼任职位越多，意味着高管可以获得的提高信息透明度，降低投资者信息不对称程度的信息与资源越多，有利于公司获得较低的权益资本成本。因此，高管建立的联结数量越多，其经营公司和治理公司的效率越高，公司的信息透明度越高，信息不对称程度越低，公司的权益资本成本越低。基于此，我们提出本章的第五个假设：

假设 5：高管联结关系数量越多的公司，公司的权益资本成本越低。

假设 5a：与其他“圈子”形成的高管联结关系相比，“经营圈”高管联结关系的数量越多，公司的权益资本成本越低。

假设 5b：与其他“圈子”形成的高管联结关系相比，“治理圈”高管联结关系的数量越多，公司的权益资本成本越低。

假设 5c：与其他“圈子”形成的高管联结关系相比，“财务圈”高管联结关系的数量越多，公司的权益资本成本越低。

6.4　研究设计

6.4.1　资本成本的衡量

本章研究的主要内容是资本成本中的权益资本成本，国内外学者对权益资本成本的确定还没有达到共识，已有的测度权益资本成本的方法分为两类：一是以历史数据为基础的估计方法，如 CAPM、FAMA-FRENCH 的三因素模型等；二是以盈利预测数据为基础的估计方法，如 Gordon Growth Model、GLS 模型和 PEG 模型。目前使用较多的方法是第二类估计方法，以预期收益率为基础，有基于股利折现模型以及剩余收益模型计算权益资本成本，如 DIV 模型（Botson，2004）、GLS 模型（Gebhardt et al.，2001）、PEG 模型（Easton，2004）、OJ 模型（Ohlson and Juettner-Nauroth，2005）。依据毛新述、叶康涛和张釉（2011）的研究，他们认为目前在我国的资本市场中，运用 PEG 模型和 MPEG 模型得到的权益资本成本可以更好地反映各风险因素对公司资本成本的影响。因此，本章将借鉴毛新述等（2011）的方法，使用 PEG 模型衡量权益资本成本。

使用 PEG 比率法计算公司的权益资本成本，该变量的计算方法使用 Easten（2004）在文章中的计算方法：

$$COC = \sqrt{(eps_2 - eps_1)/p_0}$$

式中，eps 为每股收益率；p 为每股股价；COC 为采用 PEG 比率法计算的资本成本。

6.4.2 模型及变量含义

依据以往对于公司权益资本成本的影响因素的研究，本文构建如下模型：

$$COC_{i,t} = \alpha_0 + \alpha_1 INTERLOCK + \sum Controls + \sum ind + \sum year + \varepsilon_{i,t} \quad (6-1)$$

$$COC_{i,t} = \alpha_0 + \alpha_1 INTERLOCK\_OPRT + \sum Controls + \sum ind + \sum year + \varepsilon_{i,t} \quad (6-2)$$

$$COC_{i,t} = \alpha_0 + \alpha_1 INTERLOCK\_GOV + \sum Controls + \sum ind + \sum year + \varepsilon_{i,t} \quad (6-3)$$

$$COC_{i,t} = \alpha_0 + \alpha_1 INTERLOCK\_FIN + \sum Controls + \sum ind + \sum year + \varepsilon_{i,t} \quad (6-4)$$

本章通过模型（6-1）来检验假设 1，高管联结关系与公司权益资本成本之间的关系，同时构建了模型（6-2）、模型（6-3）以及模型（6-4）检验高管联结的不同“圈子”对公司权益资本成本的影响是否一致，进而分析其影响权益资本成本的路径。其中 COC 为公司权益资本成本的代理变量。

$$COC_{i,t} = \alpha_0 + \alpha_1 INTERLOCK\_NUM + \sum Controls + \sum ind + \sum year + \varepsilon_{i,t} \quad (6-5)$$

$$\begin{aligned} COC_{i,t} = {} & \alpha_0 + \alpha_1 INTERLOCK\_NUM + \alpha_3 INTERLOCK\_NUM \times \\ & INTERLOCK\_OPRT + \alpha_4 INTERLOCK\_OPRT + \\ & \sum Controls + \sum ind + \sum year + \varepsilon_{i,t} \end{aligned} \quad (6-6)$$

$$\begin{aligned} COC_{i,t} = {} & \alpha_0 + \alpha_1 INTERLOCK\_NUM + \alpha_3 INTERLOCK\_NUM \times \\ & INTERLOCK\_GOV + \alpha_4 INTERLOCK\_GOV + \end{aligned}$$

$$\sum Controls + \sum ind + \sum year + \varepsilon_{i,t} \tag{6-7}$$

$$COC_{i,t} = \alpha_0 + \alpha_1 INTERLOCK\_NUM + \alpha_3 INTERLOCK\_NUM \times INTERLOCK\_FIN + \alpha_4 INTERLOCK\_FIN + \sum Controls + \sum ind + \sum year + \varepsilon_{i,t} \tag{6-8}$$

本章通过模型（6–5）检验假设 5，高管联结关系的数量对公司权益资本成本的影响，并通过模型（6–6）、模型（6–7）以及模型（6–8）检验了不同的“圈子”随着联结数量的增加，其对公司权益资本成本的影响是否一致。

表 6–1　变量定义

变量名称	符号	变量定义
权益资本成本	COC	使用 PEG 比率法计算公司的权益资本成本
	ABSCCG	权益资本成本变化率的绝对值
高管联结	INTERLOCK	虚拟变量，当高管存在联结关系时，取值为 1，当高管不存在联结关系时，取值为 0
高管联结的数量	INTERLOCK_NUM	公司间高管存在联结关系的数量
由经营圈建立的高管联结关系	INTERLOCK_OPRT	虚拟变量，高管联结关系是由“经营圈”的高管建立的，取值为 1，如总经理、CEO、副总经理等；其他取值为 0
由治理圈建立的高管联结关系	INTERLOCK_GOV	虚拟变量，高管联结关系是由“治理圈”的高管建立的，取值为 1，如独立董事、外部董事、监事等；其他取值为 0
由财务圈建立的高管联结关系	INTERLOCK_FIN	虚拟变量，高管联结关系是由“财务圈”的高管建立的，取值为 1，如财务总监、总会计师、会计总监等；其他取值为 0
公司产权性质	STATE	国有性质时，取值为 1；非国有性质时，取值为 0
外部董事比例	OUTSIDE_DIRECTOR	t 年末公司独立董事占董事会人数的比例
第一大股东持股比例	BLOCK	t 年末公司第一大股东持股比例
机构投资者持股比例	INSTITUTOR	t 年末，机构投资者持股比例
经营风险	OPRISK	t 年末，公司的经营风险，等于总资产收益率的标准差

续表

变量名称	符号	变量定义
公司业绩	ROA	第 t 年经行业中位数调整后的总资产收益率（净利润/平均总资产）
行业风险	BETA	市场风险
公司规模	SIZE	t 年末，公司资产价值的自然对数
财务杠杆	LEV	t 年末，公司的财务杠杆比例，资产总额/负债总额
亏损	LOSS	虚拟变量，t 年末，公司的净利润小于 0，取值 1，大于 0，取值 0

在模型的设计中，本章控制了可能影响公司权益资本成本的公司特征以及公司治理特征，如下所示：

（1）公司特征：本章控制了对股权激励效果有影响的公司特征变量，总资产收益率（ROA）、规模（SIZE）、财务杠杆（LEV）以及公司的经营风险（OPRISK）等变量。

（2）公司治理：本章控制了第一大股东持股比例（BLOCK）、机构投资者持股比例（INSTITUTOR）、独立董事比例（OUTSIDE_DIRECTOR）以及公司所有权性质（STATE）等可能对公司权益资本成本产生影响的变量。

6.4.3 样本及数据

本章选取 2002~2014 年的高管联结数据以及公司财务数据作为研究样本，考察高管联结关系对公司业绩的影响。本章剔除了金融行业公司样本、公司高管资料缺失样本以及财务信息不全的公司样本，共获得 8438 个公司/年份观测值（因为涉及不同变量缺失值不同，因此在不同的模型中进入回归模型的样本量存在差异）。数据来源于 Csmar 及 Wind 数据库，对于公司高管资料的数据，Csmar 介绍不全面的，由新浪财经的数据对照补充完整。

对于高管联结的数据，本章从国泰安数据库中获得上市公司高管个人资料信息，其中包括高管的任职等相关信息。通过对数据的处理，我们发现高管重名重姓的情况比较多，因此为了确定高管联结的真实性，需要对全部高管数据进行处理，将重名重姓但不是同一个人的数据删除，最终得到真实的高管的网络关系数据。然后将每个高管赋予不同的 ID 编号，构建高管的网络关系矩阵，通过进一步数据处理得到高管联结的代理变量。

6.5 实证研究结果分析

6.5.1 描述性统计

表 6-2 是本章涉及的主要变量的描述性统计结果，将缺失数据删除后，本章所用数据的样本量为 8438。其中权益资本成本的均值为 0.148，中位数为 0.109，最大值为 0.704，最小值为 0.011，说明通过 PEG 法得到的上市公司的平均权益资本成本为 0.148。公司间高管联结数量（INTERLOCK_NUM）的均值为 6.586，最大值为 24，最小值为 0，中位数为 6，说明平均每家上市公司的高管联结数量为 6.586 个。在本章的观测值中，不同“圈子”高管联结关系的比例为：“经营圈”高管联结关系为 20.7%，“治理圈”高管联结关系为 65.5%，“财务圈”高管联结关系为 0.4%，说明在具有高管联结的公司中，平均 20.7%的高管联结为“经营圈”高管通过兼任职位建立的，65.5%的高管联结关系为“治理圈”高管通过兼任职位建立的，0.4%的高管联结为“财务圈”高管建立的。通过以上分析，我们可以发现高管联结网络关系的形成机理不同，公司间的高管联结关系的性质也不同。

表 6-2 描述性统计

变量名称	观测值	中位数	均值	最小值	最大值	标准差
COC	8438	0.109	0.148	0.011	0.704	0.129
INTERLOCK	8438	1.000	0.874	0.000	1.000	0.332
INTERLOCK_OPRT	8438	0.000	0.207	0.000	1.000	0.405
INTERLOCK_GOV	8438	1.000	0.655	0.000	1.000	0.476
INTERLOCK_FIN	8438	0.000	0.004	0.000	1.000	0.065

续表

变量名称	观测值	中位数	均值	最小值	最大值	标准差
INTERLOCK_NUM	8438	6.000	6.586	0.000	24.000	5.225
BETA	8438	1.052	1.045	-0.190	2.026	0.389
ROA	8438	0.025	0.024	-0.289	0.268	0.073
SIZE	8438	21.468	21.562	18.623	25.481	1.198
LOSS	8438	0.000	0.139	0.000	1.000	0.346
OPRISK	8438	0.038	0.073	0.006	0.855	0.132
STATE	8438	1.000	0.559	0.000	1.000	0.497
BLOCK（%）	8438	35.260	37.426	2.197	85.230	16.079
INSTITOTOR（%）	8438	22.767	27.900	0.002	86.763	24.629
OUTSIDE_DIRECTOR	8438	0.333	0.330	0.067	0.545	0.064

此外，本章涉及的研究样本中，国有性质的公司（STATE）平均占55.9%，大股东持股比例（BLOCK）的平均值为37.426%，机构投资者（INSTITUTOR）的平均持股比例为27.9%。

6.5.2 相关系数分析

表6-3是本章涉及主要变量的相关系数分析，高管联结关系、高管联结关系的数量以及不同“圈子”的高管联结关系与权益资本成本之间的相关系数分析。通过相关系数的分析，发现公司间的高管联结关系（INTERLOCK）与公司的权益资本成本（COC）之间的关系如下：Pearman相关系数表中，两者之间在1%的水平上显著负相关，表明高管联结关系可以显著降低公司的权益资本成本；Spearman相关系数表中两者的关系为正相关但并不显著，总体上该结果部分支持假设1，还需进一步在回归分析中验证。高管联结关系的数量（INTERLOCK_NUM）与公司的权益资本成本之间的关系为在1%的水平上呈显著负相关关系，Spearman相关系数表中的结果虽为负相关，但并不显著，总体上该结果支持假设5。不同“圈子”的高管联结对公司的权益资本成本的影响如下：“经营圈”高管联结和“财务圈”高管联结与权益资本成本之间分别呈负相关关系，但并不显著，说明上述两个“圈子”的高

表 6-3　相关系数分析

	COC	ABSCCG	INTERLOCK	INTERLOCK_OPRT	INTERLOCK_GOV	INTERLOCK_FIN	INTERLOCK_NUM
COC	1	0.345^{***}	0.006	0.027^{*}	−0.018	−0.006	−0.016
ABSCCG	0.492^{***}	1	-0.032^{**}	0.020	-0.036^{**}	0.005	-0.054^{***}
INTERLOCK	-0.051^{***}	-0.064^{***}	1	0.174^{***}	0.500^{***}	0.027^{*}	0.536^{***}
INTERLOCK_OPRT	−0.003	0.001	0.194^{***}	1	-0.731^{***}	-0.039^{**}	0.204^{***}
INTERLOCK_GOV	-0.030^{***}	-0.040^{**}	0.522^{***}	-0.704^{***}	1	-0.113^{***}	0.167^{***}
INTERLOCK_FIN	−0.015	−0.006	0.025^{**}	-0.033^{***}	-0.090^{***}	1	0.022
INTERLOCK_NUM	-0.067^{***}	-0.092^{***}	0.478^{***}	0.203^{***}	0.148^{***}	0.033^{***}	1

注：***、**、* 分别表示在 1%、5%、10%水平上显著；左下角为 Pearson 相关系数，右上角为 Spearman 相关系数。

管联结虽然可以在一定程度上降低公司的权益资本成本，但效果并不显著，不支持假设 2 和假设 4；“治理圈”高管联结与权益资本成本之间在 1%的水平上呈显著负相关关系，表明“治理圈”高管联结通过提高治理效率，可以显著降低权益资本成本，支持假设 3。

6.5.3 单变量检验分析

表 6–4 是本章涉及变量的单变量差异检验结果。从公司的权益资本成本的各指标看，有高管联结关系的公司与无高管联结关系公司的权益资本成本（COC）的差异很明显，并且有高管联结关系的样本的权益资本成本的均值在 1%的显著水平下要低于无高管联结关系的公司，验证了假设 1。从公司特征看，有高管联结关系的公司，公司规模、公司业绩、BETA 都显著高于无高管联结关系的样本公司；公司的经营风险以及亏损情况都显著低于无高管联结关系的样本公司。从公司治理特征的角度看，有高管联结的关系公司的股权集中度、机构投资者持股比例以及独立董事比例均显著高于无高管联结关系的样本公司。此外，有高管联结的样本组中，国有性质的公司比例在 1%的水平上显著高于无高管联结的样本组。从以上的分析结果可以看出，高管联结关系对公司权益资本成本的水平具有一定的影响。

表 6–4 单变量差异检验结果

变量		无高管联结样本组		有高管联结样本组		T 检验	Z 检验
		均值	标准差	均值	标准差		
权益资本成本	COC	0.165	0.150	0.145	0.125	4.089***	2.845***
	ABSCCG	0.099	0.109	0.081	0.087	3.382***	2.674***
公司特征	SIZE	20.285	1.533	20.986	1.556	−13.858***	−14.154***
	LEV	0.525	0.270	0.521	0.231	0.452	−1.105
	BETA	1.007	0.395	1.050	0.388	−3.283***	−2.704***
	OPRISK	0.093	0.156	0.070	0.128	4.593***	7.946***
	ROA	−0.001	0.092	0.015	0.080	−5.112***	−5.609***
	LOSS	0.195	0.396	0.131	0.337	5.038***	5.675***

续表

变量		无高管联结样本组		有高管联结样本组		T 检验	Z 检验
		均值	标准差	均值	标准差		
公司治理	BLOCK（%）	36.728	16.302	37.528	15.955	-1.499	-1.939*
	STATE	0.425	0.495	0.578	0.494	-9.411***	-9.372***
	INSTITUTOR	19.102	20.736	29.121	24.950	-13.524***	-11.905***
	OUTSIDE_DIRECTOR	0.317	0.064	0.332	0.064	-6.919***	-6.567***

注：***、**、* 分别表示在 1%、5%、10%的水平上显著；T 检验为单侧 T 检验，Z 检验为 Mann-Whitney 非参数检验。

表 6-5 报告了不同“圈子”的高管形成的联结关系与公司权益资本成本之间的单变量差异检验分析。本章将公司间的联结关系按照不同职位的高管联结形成的“圈子”，分为“经营圈”“治理圈”以及“财务圈”，与之对应的则是非“经营圈”、非“治理圈”以及非“财务圈”。通过表 6-5 的结果，发现“经营圈”与非“经营圈”高管联结关系的公司权益资本成本水平差异不显著，而权益资本成本的变化率则表现为“经营圈”高管联结样本显著高于非“经营圈”高管联结样本，表明“经营圈”高管联结关系的公司的权益资本成本变化率要显著高于非“经营圈”高管联结样本，以上结果无法成为支持假设 2 的证据。“治理圈”高管联结与非“治理圈”高管联结的样本公司的权益资本成本的差异不显著，两组样本间的权益资本成本变化率的差异较为显著，以上结果不支持假设 3。“财务圈”高管联结与非“财务圈”高管联结样本中，“财务圈”高管联结样本公司的权益资本成本在 5%的水平上显著低于非“财务圈”高管联结样本，支持假设 4。以上结果说明，不同的高管联结关系的形成机理对公司盈余管理的影响水平不同。

6.5.4　回归分析

表 6-6 是模型（6-1）至模型（6-4）的实证研究回归结果。通过对结果的分析，我们可以发现在控制了公司特征（规模、财务状况、经营风险、亏损情况等）以及治理特征（大股东持股、产权性质、独立董事比例等）后，主要检验了高管联结关系与公司权益资本成本之间的相关关系。本章为权益

表 6-5　不同“圈子”单变量差异结果检验

变量		非“经营圈”		“经营圈”		T 检验	Z 检验	非“治理圈”		“治理圈”		T 检验	Z 检验	非“财务圈”		“财务圈”		T 检验	Z 检验
		均值	标准差	均值	标准差			均值	标准差	均值	标准差			均值	标准差	均值	标准差		
权益资本成本	COC	0.145	0.124	0.147	0.128	0.698	−0.188	0.146	0.127	0.145	0.125	0.340	0.025	0.145	0.125	0.117	0.072	2.336^{**}	0.377
	ABSCCG	0.080	0.087	0.083	0.087	−0.856	−1.396	0.083	0.086	0.080	0.088	0.604	1.205	0.081	0.087	0.076	0.066	0.397	−0.340

注：***、**、* 分别表示在 1%、5%、10%的水平上显著；T 检验为单侧 T 检验，Z 检验为 Mann-Whitney 非参数检验。

表 6-6　高管联结与权益资本成本

VARIABLES	(1) COC	(2) COC	(3) ABSCCG	(4) ABSCCG	(5) ABSCCG_POS	(6) ABSCCG_POS	(7) ABSCCG_NEG	(8) ABSCCG_NEG
INTERLOCK	-0.009^{**} (−2.50)		-0.008^{*} (−1.94)		−0.001 (−0.23)		0.007^{*} (1.80)	
INTERLOCK_OPRT		-0.008^{*} (−1.95)		−0.006 (−1.16)		0.002 (0.62)		0.007^{*} (1.74)
INTERLOCK_GOV		-0.008^{**} (−2.29)		-0.008^{*} (−1.77)		−0.002 (−0.57)		0.005 (1.33)
INTERLOCK_FIN		−0.028 (−1.52)		−0.012 (−0.64)		−0.003 (−0.20)		0.007 (0.43)
SIZE	0.005^{***} (8.74)	0.005^{***} (8.68)	0.001 (0.53)	−0.000 (−0.31)	0.003^{***} (4.23)	0.003^{***} (3.93)	-0.003^{***} (−3.10)	-0.003^{***} (−3.78)
BETA	0.013^{***} (3.71)	0.013^{***} (3.67)	0.018^{***} (4.49)	0.018^{***} (4.46)	0.003 (0.97)	0.003 (0.97)	0.014^{***} (4.08)	0.014^{***} (4.07)
OPRISK	0.205^{***} (20.44)	0.205^{***} (20.42)	0.165^{***} (12.27)	0.163^{***} (12.09)	0.054^{***} (5.23)	0.053^{***} (5.14)	0.088^{***} (7.64)	0.087^{***} (7.54)

续表

VARIABLES	(1) COC	(2) COC	(3) ABSCCG	(4) ABSCCG	(5) ABSCCG_POS	(6) ABSCCG_POS	(7) ABSCCG_NEG	(8) ABSCCG_NEG
ROA	-0.224^{***} (−9.21)	-0.224^{***} (−9.21)	-0.164^{***} (−6.55)	-0.173^{***} (−6.94)	-0.235^{***} (−12.21)	-0.236^{***} (−12.33)	0.030^{***} (3.72)	0.072^{***} (3.37)
LOSS	0.055^{***} (11.50)	0.055^{***} (11.49)	0.053^{***} (10.95)	0.051^{***} (10.67)	-0.016^{***} (−3.85)	-0.016^{***} (−3.93)	-0.068^{***} (−17.17)	-0.067^{***} (−16.91)
LEV	0.077^{***} (12.59)	0.077^{***} (12.61)	0.026^{***} (3.66)	0.037^{***} (5.60)	0.021^{***} (3.49)	0.023^{***} (4.12)	−0.000 (−0.05)	-0.009^{*} (−1.68)
STATE	−0.003 (−1.17)	−0.003 (−1.17)	-0.008^{***} (−2.59)	-0.010^{***} (−3.09)	-0.006^{***} (−2.62)	-0.007^{***} (−2.82)	−0.002 (−0.72)	−0.003 (−1.10)
BLOCK	-0.000^{**} (−2.56)	-0.000^{**} (−2.54)	-0.000^{***} (−3.64)	−0.000 (−1.04)	−0.000 (−1.16)	-0.000^{**} (−2.10)	-0.000^{***} (−3.05)	-0.000^{*} (−1.79)
OUTSIDE_DIRECTOR	-0.076^{***} (−3.69)	-0.076^{***} (−3.70)	-0.068^{***} (−2.81)	-0.061^{***} (−2.75)	-0.034^{*} (−1.84)	-0.034^{*} (−1.83)	−0.032 (−1.55)	−0.017 (−0.95)
INSTITUTOR	-0.000^{**} (−2.47)	-0.000^{**} (−2.48)	-0.000^{**} (−2.49)	-0.000^{**} (−2.48)	−0.000 (−1.07)	-0.000^{**} (−2.49)	-0.000^{***} (−2.67)	-0.000^{**} (−2.51)
Constant	-0.156^{***} (−5.41)	-0.157^{***} (−5.44)	0.108^{***} (4.33)	0.088^{***} (3.67)	-0.034^{*} (−1.77)	-0.043^{**} (−2.35)	-0.140^{***} (−6.55)	-0.130^{***} (−6.35)
Observations	8438	8438	3949	3949	3949	3949	3949	3949
R−squared	0.693	0.693	0.538	0.535	0.371	0.371	0.304	0.302
P−value	0	0	0	0	0	0	0	0

资本成本设计了两类代理变量：一是借鉴以前研究的方法计算得到的公司权益资本成本（COC）；二是权益资本成本的变化率（ABSCCG）。高管联结关系（INTERLOCK）与权益资本成本之间的相关系数为负相关关系，可以发现，高管联结关系可以降低公司的权益资本成本。INTERLOCK 与权益资本成本（COC）之间在 5%的水平上呈显著负相关关系（–0.009**，–2.50），表明高管联结关系作为公司高管的声誉激励的驱动力，能够促使高管提高公司的信息披露质量并降低经营风险，从而降低了投资者与公司之间的信息不对称程度，进而降低了投资者的风险，帮助公司获得较低的权益资本成本。综上所述，公司间的高管联结关系可以显著降低公司的权益资本成本，支持假设 1。此外，本章对权益资本成本的变化率（ABSCCG）与高管联结关系之间的关系进行了检验，发现 INTERLOCK 与权益资本成本变化率的绝对值 ABSCCG 之间在 10%的水平上呈显著负相关关系（–0.008*，–1.94），通过进一步对权益资本成本变化率的分析，我们发现 INTERLOCK 与正向的权益资本成本变化率 ABSCCG_POS 之间呈负相关关系但并不显著，与负向的权益资本成本变化率 ABSCCG_NEG 之间在 10%的水平上呈显著正相关关系。以上结果表明，高管联结关系总体上可以降低公司权益资本成本，并且我们发现高管联结关系有助于增加降低权益资本成本的幅度。上述结果表明，高管联结关系可以降低权益资本成本，有利于公司稳定资金成本，提高资金使用效率，支持假设 1。

不同的高管“圈子”形成的联结关系对公司权益资本成本的影响存在显著的差异，总体来讲，“经营圈”“治理圈”与“财务圈”高管联结关系对权益资本成本都存在降低的效果，但显著程度不同。具体来说，“经营圈”高管联结（INTERLOCK_OPRT）与权益资本成本（COC）之间在 10%的水平上呈显著负相关关系（–0.008*，–1.95），表明“经营圈”高管通过兼任职位所形成的联结关系通过提高公司的信息透明度，降低公司的经营风险，降低投资者的信息不对称程度，从而降低投资者的预期投资回报率，可以显著地降低公司的权益资本成本，支持假设 2。“财务圈”高管联结（INTERLOCK_FIN）与权益资本成本（COC）虽然呈负相关关系，但并不显著，表明“财务圈”高管联结对权益资本成本的降低效果有限，不支持假设 3。“治理圈”高管联结（INTERLOCK_GOV）与权益资本成本（COC）之间在 5%的水平上呈显著负相关关系（–0.008**，–2.29），表明“治理圈”高管通过在其他公司兼任职位所形成的联结关系，提高了公司治理效率，提高了公司信息透明度，降低了投资者的风险，从而可以显著降低公司的权益资本成本，支持假设 4。

不同“圈子”的高管联结关系对权益资本成本变化率的影响也不同，“治理圈”高管联结与 ABSCCG 之间在 10%的水平上呈显著负相关关系（–0.008*，–1.77），表明“治理圈”高管联结通过公司治理措施提高了公司透明度，降低了投资者的信息不对称程度，从而降低了公司的权益资本成本，并且这种降低的效果具有持续性，表现为降低了公司的权益资本成本变化率，支持假设 4。“经营圈”与“财务圈”高管联结与 ABSCCG 之间呈负相关关系，但并不显著，表明“经营圈”与“财务圈”高管联结关系可以降低权益资本成本的程度有限，不支持假设 2 与假设 3。

通过以上的分析综合看，高管联结降低了公司的权益资本成本，根据高管联结不同的形成机理——不同的“圈子”，对权益资本成本的影响也具有显著差异，其中“经营圈”与“治理圈”高管联结对权益资本成本的降低作用比较突出，而“经营圈”与“财务圈”高管联结的降低作用则不甚明显，以上证据表明，具有共同职务的高管形成的联结关系对权益资本成本的影响存在显著的差异。

表 6–7、表 6–8 是模型（6–5）至模型（6–8）的实证研究回归结果。通过对高管联结的数量与公司权益资本成本的回归结果进行分析，高管联结关系的数量（INTERLOCK_NUM）与权益资本成本（COC）之间在 10%的水平上呈显著负相关关系（–0.000*，–1.70），表明高管联结关系不仅可以降低公司的权益资本成本，而且高管联结数量越多，权益资本成本降低的程度越大，支持假设 5。高管联结数量（INTERLOCK_NUM）与权益资本成本的另一个代理变量——权益资本成本变化率的绝对值（ABSCCG）之间在 10%的水平上呈显著负相关关系（–0.000*，–1.71），表明高管联结关系的数量可以

表 6-7　高管联结数量与权益资本成本

VARIABLES	(1) COC	(2) COC	(3) COC	(4) COC	(5) ABSCCG	(6) ABSCCG	(7) ABSCCG	(8) ABSCCG
INTERLOCK_NUM	−0.000* (−1.70)	−0.001** (−2.03)	−0.000 (−0.70)	−0.000* (−1.70)	−0.000* (−1.71)	−0.001* (−1.86)	−0.000 (−1.07)	−0.001* (−1.86)
INTERLOCK_OPRT		−0.000 (−0.09)				−0.002 (−0.37)		
INTERLOCK_NUM× INTERLOCK_OPRT		0.000 (0.82)				0.000 (0.69)		
INTERLOCK_GOV			−0.001 (−0.32)				−0.002 (−0.49)	
INTERLOCK_NUM× INTERLOCK_GOV			−0.000 (−0.59)				−0.000 (−0.11)	
INTERLOCK_FIN				−0.036 (−1.17)				−0.052* (−1.73)
INTERLOCK_NUM× INTERLOCK_FIN				0.001 (0.53)				0.006** (1.99)
SIZE	0.013*** (9.66)	0.013*** (9.64)	0.013*** (9.62)	0.013*** (9.66)	0.001 (0.72)	0.001 (0.71)	0.001 (0.69)	0.001 (0.65)
BETA	0.011*** (3.21)	0.011*** (3.21)	0.011*** (3.20)	0.011*** (3.20)	0.018*** (4.41)	0.018*** (4.42)	0.018*** (4.41)	0.017*** (4.37)
OPRISK	0.246*** (21.58)	0.246*** (21.56)	0.246*** (21.54)	0.246*** (21.60)	0.166*** (12.34)	0.165*** (12.32)	0.165*** (12.29)	0.166*** (12.33)
ROA	−0.198*** (−7.61)	−0.198*** (−7.58)	−0.198*** (−7.59)	−0.198*** (−7.59)	−0.164*** (−6.53)	−0.163*** (−6.52)	−0.163*** (−6.51)	−0.162*** (−6.47)

续表

VARIABLES	(1) COC	(2) COC	(3) COC	(4) COC	(5) ABSCCG	(6) ABSCCG	(7) ABSCCG	(8) ABSCCG
LOSS	0.063*** (12.52)	0.063*** (12.53)	0.063*** (12.53)	0.063*** (12.51)	0.053*** (10.98)	0.053*** (10.97)	0.053*** (10.98)	0.053*** (10.97)
LEV	0.071*** (10.85)	0.072*** (10.87)	0.072*** (10.87)	0.071*** (10.86)	0.025*** (3.58)	0.026*** (3.65)	0.025*** (3.60)	0.025*** (3.57)
STATE	−0.005* (−1.79)	−0.005* (−1.82)	−0.005* (−1.81)	−0.005* (−1.83)	−0.008** (−2.56)	−0.008** (−2.54)	−0.008** (−2.56)	−0.008** (−2.56)
BLOCK	−0.000*** (−2.76)	−0.000*** (−2.75)	−0.000*** (−2.74)	−0.000*** (−2.78)	−0.000*** (−3.67)	−0.000*** (−3.68)	−0.000*** (−3.65)	−0.000*** (−3.71)
OUTSIDE_DIRECTOR	−0.181*** (−6.22)	−0.181*** (−6.19)	−0.180*** (−6.15)	−0.181*** (−6.22)	−0.066*** (−2.73)	−0.065*** (−2.68)	−0.064*** (−2.65)	−0.067*** (−2.75)
INSTITUTOR	−0.000*** (−4.65)	−0.000*** (−4.66)	−0.000*** (−4.67)	−0.000*** (−4.59)	−0.000*** (−3.05)	−0.000*** (−3.09)	−0.000*** (−3.07)	−0.000*** (−3.01)
Constant	−0.177*** (−6.13)	−0.177*** (−6.10)	−0.176*** (−6.06)	−0.177*** (−6.13)	0.100*** (3.97)	0.100*** (3.97)	0.101*** (3.99)	0.103*** (4.06)
Observations	7856	7856	7856	7856	3949	3949	3949	3949
R-squared	0.695	0.695	0.695	0.695	0.538	0.538	0.538	0.538
P-value	0	0	0	0	0	0	0	0

表 6-8　高管联结数量与权益资本成本

VARIABLES	(9) ABSCCG_POS	(10) ABSCCG_POS	(11) ABSCCG_POS	(12) ABSCCG_POS	(13) ABSCCG_NEG	(14) ABSCCG_NEG	(15) ABSCCG_NEG	(16) ABSCCG_NEG
INTERLOCK_NUM	–0.000 (–0.06)	–0.000 (–0.35)	0.000 (0.18)	–0.000 (–0.03)	0.000* (1.77)	0.000* (1.68)	0.000 (1.26)	0.000** (1.97)
INTERLOCK_OPRT		0.004 (0.79)				0.006 (1.08)		
INTERLOCK_OPRT× INTERLOCK_NUM		0.000 (0.06)				–0.000 (–0.67)		
INTERLOCK_GOV			–0.003 (–0.75)				–0.001 (–0.20)	
INTERLOCK_GOV× INTERLOCK_NUM			–0.000 (–0.20)				0.000 (0.01)	
INTERLOCK_FIN				0.007 (0.30)				0.056** (2.19)
INTERLOCK_FIN× INTERLOCK_NUM				–0.001 (–0.46)				–0.006*** (–2.68)
SIZE	0.003*** (4.14)	0.003*** (4.09)	0.003*** (4.08)	0.003*** (4.16)	–0.002*** (–2.82)	–0.002*** (–2.79)	–0.002*** (–2.81)	–0.003*** (–2.92)
BETA	0.003 (0.96)	0.003 (0.93)	0.003 (0.96)	0.003 (0.97)	0.014*** (4.01)	0.014*** (4.05)	0.014*** (4.01)	0.014*** (3.95)
OPRISK	0.054*** (5.24)	0.054*** (5.21)	0.053*** (5.18)	0.054*** (5.25)	0.088*** (7.70)	0.088*** (7.71)	0.088*** (7.71)	0.088*** (7.69)
ROA	–0.235*** (–12.21)	–0.234*** (–12.15)	–0.234*** (–12.18)	–0.235*** (–12.19)	0.080*** (3.74)	0.079*** (3.70)	0.080*** (3.73)	0.081*** (3.79)

续表

VARIABLES	(9) ABSCCG_POS	(10) ABSCCG_POS	(11) ABSCCG_POS	(12) ABSCCG_POS	(13) ABSCCG_NEG	(14) ABSCCG_NEG	(15) ABSCCG_NEG	(16) ABSCCG_NEG
LOSS	-0.016^{***} (−3.85)	-0.016^{***} (−3.86)	-0.016^{***} (−3.87)	-0.016^{***} (−3.84)	-0.068^{***} (−17.21)	-0.068^{***} (−17.20)	-0.063^{***} (−17.21)	-0.068^{***} (−17.19)
LEV	0.021^{***} (3.45)	0.021^{***} (3.54)	0.021^{***} (3.50)	0.021^{***} (3.46)	0.000 (0.01)	0.000 (0.01)	0.000 (0.03)	0.000 (0.02)
STATE	-0.006^{***} (−2.62)	-0.007^{***} (−2.69)	-0.006^{***} (−2.63)	-0.006^{***} (−2.62)	−0.002 (−0.67)	−0.002 (−0.59)	−0.002 (−0.67)	−0.002 (−0.67)
BLOCK	−0.000 (−1.16)	−0.000 (−1.14)	−0.000 (−1.14)	−0.000 (−1.15)	-0.000^{***} (−3.08)	-0.000^{***} (−3.12)	-0.000^{***} (−3.09)	-0.000^{***} (−3.13)
OUTSIDE_DIRECTOR	-0.034^{*} (−1.84)	-0.032^{*} (−1.71)	-0.032^{*} (−1.73)	-0.034^{*} (−1.83)	−0.030 (−1.47)	−0.032 (−1.52)	−0.031 (−1.43)	−0.031 (−1.51)
INSTITUTOR	-0.000^{***} (−4.65)	-0.000^{***} (−4.66)	-0.000^{***} (−4.67)	-0.000^{***} (−4.59)	-0.000^{***} (−4.12)	-0.000^{***} (−4.01)	-0.000^{***} (−3.97)	-0.000^{***} (−3.59)
Constant	-0.033^{*} (−1.72)	-0.033^{*} (−1.74)	−0.032 (−1.64)	-0.034^{*} (−1.76)	-0.133^{***} (−6.13)	-0.133^{***} (−6.14)	-0.132^{***} (−6.09)	-0.136^{***} (−6.28)
Observations	3949	3949	3949	3949	3949	3949	3949	3949
R−squared	0.371	0.371	0.371	0.371	0.304	0.304	0.304	0.305
P−value	0	0	0	0	0	0	0	0

显著降低权益资本成本的变化率（变化率包括权益资本成本的增加和降低）；与 ABSCCG_NEG 之间在 10%的水平上呈显著正相关关系（0.000*，1.77），表明高管联结关系的数量越多，权益资本成本降低的幅度越高；但与 ABSCCG_POS 之间的相关性并不显著，表明高管联结关系的数量与权益资本成本增加的幅度之间并没有相关性，间接证明高管联结数量与 ABSCCG 之间的显著负相关关系中主要是由 ABSCCG_NEG 贡献的。以上的实证研究结果表明，总体经验证据支持假设 5。

此外，本章对不同“圈子”的高管联结关系的数量多少对公司权益资本成本的影响进行检验。我们发现当权益资本成本的代理变量为 COC 时，“经营圈”高管联结与高管联结数量的交互项（INTERLOCK_NUM×INTERLOCK_OPRT）与 COC 的相关系数为（0.000，0.82），表明“经营圈”高管联结关系的数量越多，权益资本成本越高，虽然这种影响并不显著，但至少说明高管联结关系数量越多、权益资本成本越低这种关系在“经营圈”高管联结中并不存在，不支持假设 5a。“治理圈”高管联结与高管联结数量的交互项（INTERLOCK_NUM×INTERLOCK_GOV）与 COC 之间的负相关关系，但并不显著，以上结果表明，在“治理圈”高管联结关系中，联结数量降低权益资本成本的效果并不显著，不支持假设 5b。“财务圈”高管联结与高管联结数量的交互项（INTERLOCK_NUM×INTERLOCK_FIN）与 COC 的相关系数为（0.001，0.53），表明“财务圈”高管联结中，联结关系的数量对权益资本成本的影响不显著，不支持假设 5c。

当权益资本成本的代理变量为权益资本成本变化率时（ABSCCG），不同“圈子”高管联结数量的影响作用也不同，具体结果如下所示：“经营圈”与“治理圈”高管联结与高管联结数量的交互项分别为（0.000，0.69），（–0.000，–0.11），表明高管联结数量对权益资本成本变化率的显著负相关影响，在“经营圈”与“治理圈”的高管联结中并不存在，不支持假设 5a 与假设 5b。但“财务圈”高管联结与高管联结数量的交互项（INTERLOCK_NUM×INTERLOCK_FIN）与 ABSCCG 在 5%的水平上呈显著正相关关系（0.006**，1.99），表明与其他“圈子”的高管联结关系相比，“财务圈”

高管联结关系的数量越多，权益资本成本变化率越高，通过对权益资本成本变化率（ABSCCG）的进一步分析，我们发现高管联结数量与“财务圈”高管联结的交互项（INTERLOCK_FIN×INTERLOCK_NUM）与 ABSCCG_NEG 在 1%的水平上呈显著负相关关系（-0.006***，-2.68），表明与其他“圈子”的高管联结相比，“财务圈”高管联结关系的数量越多，权益资本成本降低的幅度越小，以上两个实证结果证据并不支持假设 5c。

通过以上的分析综合看，虽然高管联结数量越多，公司的权益资本成本越低，但在不同“圈子”的高管联结中，高管联结数量对权益资本成本的影响也不同，再一次证明，高管联结不同的形成机理，其对公司的影响也存在差异。

6.5.5　稳健性检验

通过上述研究结论，我们发现高管联结关系不同的形成机理对公司权益资本成本的影响也不同，为了确保研究结果的可靠度，我们进行了如下几种方式的稳健性检验。

6.5.5.1　内生性检验

与其他关于权益资本成本的研究一致，我们也注意到了在检验权益资本成本与高管联结之间关系时的研究设计可能存在一些内生性问题，因此，本章将对不同的内生性问题进行检验。

（1）在研究模型的设计中可能存在遗漏变量的问题，鉴于高管联结与公司权益资本成本可能会受到其他模型中没有控制的公司治理特征变量或公司特征变量的影响，从而得到不正确的检验结果，我们采用固定效应模型来控制遗漏变量对研究结果的影响。稳健性检验结果如表 6-9、表 6-10 所示，通过固定效应模型的检验结果，我们发现高管联结关系以及高管联结的数量与权益资本成本之间的显著负相关关系并没有发生重大变化，不同“圈子”高管联结对权益资本成本的影响也没有发生大的变化，说明研究结果没有发生变化。

（2）Ashbaughm、Collins 和 LaFond（2004）在文中提到有许多研究认为，

表 6-9 稳健性检验——固定效应模型（高管联结与权益资本成本）

VARIABLES	(1) COC	(2) COC	(3) ABSCCG	(4) ABSCCG	(5) ABSCCG_POS	(6) ABSCCG_POS	(7) ABSCCG_NEG	(8) ABSCCG_NEG
INTERLOCK	−0.016*** (−3.21)		−0.020*** (−3.06)		−0.011** (−2.06)		−0.007 (−1.13)	
INTERLOCK_OPRT		−0.014** (−2.51)		−0.019** (−2.57)		−0.008 (−1.33)		−0.010 (−1.42)
INTERLOCK_GOV		−0.013*** (−2.66)		−0.013** (−2.03)		−0.008 (−1.44)		−0.004 (−0.65)
INTERLOCK_FIN		−0.036 (−1.54)		−0.018 (−0.71)		−0.012 (−0.56)		−0.002 (−0.10)
SIZE	−0.007*** (−3.04)	−0.007*** (−3.08)	−0.013*** (−6.17)	−0.013*** (−6.29)	−0.006*** (−3.12)	−0.005*** (−3.05)	0.006*** (3.17)	0.007*** (3.41)
BETA	0.019*** (4.93)	0.019*** (4.90)	0.009** (1.97)	0.008* (1.65)	0.007* (1.73)	0.006 (1.56)	−0.000 (−0.08)	0.000 (0.08)
ROA	−0.394*** (−13.35)	−0.394*** (−13.36)	−0.215*** (−5.83)	−0.227*** (−6.11)	−0.340*** (−11.02)	−0.344*** (−11.14)	−0.132*** (−3.89)	−0.125*** (−3.67)
LOSS	0.024*** (4.26)	0.024*** (4.26)	0.043*** (11.95)	0.058*** (10.61)	−0.014*** (−4.85)	−0.014*** (−4.93)	−0.061*** (−15.16)	−0.060*** (−15.81)
LEV	0.070*** (6.68)	0.070*** (6.73)	0.021*** (3.67)	0.022*** (4.61)	0.019*** (3.47)	0.018*** (4.10)	−0.000 (−0.03)	−0.009* (−1.69)
STATE	0.005 (0.77)	0.005 (0.78)	0.012 (1.41)	0.006 (0.71)	0.006 (0.88)	0.003 (0.39)	−0.005 (−0.73)	−0.004 (−0.49)

续表

VARIABLES	(1) COC	(2) COC	(3) ABSCCG	(4) ABSCCG	(5) ABSCCG_POS	(6) ABSCCG_POS	(7) ABSCCG_NEG	(8) ABSCCG_NEG
BLOCK	-0.001^{***} (−4.84)	-0.001^{***} (−4.78)	-0.001^{***} (−6.65)	-0.001^{***} (−6.63)	-0.001^{***} (−3.85)	-0.001^{***} (−3.77)	0.001^{***} (3.16)	0.001^{***} (3.23)
OUTSIDE_DIRECTOR	0.005 (0.18)	0.003 (0.11)	−0.036 (−1.06)	−0.037 (−1.16)	0.019 (0.66)	0.015 (0.58)	0.056^{*} (1.78)	0.051^{*} (1.69)
INSTITUTOR	-0.000^{***} (−3.14)	-0.000^{***} (−3.14)	−0.000 (−0.24)	−0.000 (−0.54)	0.000 (0.38)	0.000 (0.22)	−0.000 (−0.73)	−0.000 (−0.91)
Constant	0.289^{***} (5.99)	0.289^{***} (5.99)	0.424^{***} (9.22)	0.366^{***} (8.06)	0.175^{***} (4.56)	0.153^{***} (4.05)	-0.216^{***} (−5.09)	-0.184^{***} (−4.41)
Observations	8434	8434	3946	3946	3946	3946	3946	3946
R−squared	0.110	0.110	0.054	0.037	0.062	0.056	0.015	0.011
Number of code	1765	1765	1440	1440	1440	1440	1440	1440
P−value	0	0	0	0	0	0	3.54e−06	0.000349

表 6-10　稳健性检验——固定效应模型（高管联结数量与权益资本成本）

VARIABLES	(1) COC	(2) COC	(3) COC	(4) COC	(5) ABSCCG	(6) ABSCCG	(7) ABSCCG	(8) ABSCCG
INTERLOCK_NUM	-0.002*** (-3.90)	-0.002*** (-4.17)	-0.002*** (-3.13)	-0.002*** (-3.84)	-0.002*** (-4.02)	-0.002*** (-4.11)	-0.002*** (-3.35)	-0.002*** (-4.05)
INTERLOCK_OPRT		-0.011 (-1.57)				-0.014* (-1.69)		
INTERLOCK_OPRT× INTERLOCK_NUM		0.001 (1.63)				0.001 (1.35)		
INTERLOCK_GOV			-0.002 (-0.50)				-0.000 (-0.07)	
INTERLOCK_GOV× INTERLOCK_NUM			0.000 (0.18)				0.000 (0.14)	
INTERLOCK_FIN				-0.003 (-0.08)				-0.043 (-1.15)
INTERLOCK_FIN× INTERLOCK_NUM				-0.002 (-0.58)				0.004 (1.45)
SIZE	-0.005** (-2.02)	-0.005** (-2.02)	-0.005** (-2.01)	-0.005** (-2.03)	-0.011*** (-5.18)	-0.011*** (-5.15)	-0.011*** (-5.17)	-0.011*** (-5.20)
BETA	0.019*** (5.02)	0.020*** (5.04)	0.019*** (5.02)	0.019*** (5.02)	0.010** (2.10)	0.010** (2.11)	0.010** (2.10)	0.010** (2.11)
ROA	-0.390*** (-13.24)	-0.389*** (-13.23)	-0.390*** (-13.24)	-0.390*** (-13.24)	-0.212*** (-5.75)	-0.213*** (-5.79)	-0.212*** (-5.75)	-0.212*** (-5.76)
LOSS	0.025*** (4.35)	0.025*** (4.37)	0.025*** (4.34)	0.025*** (4.35)	0.019*** (3.61)	0.019*** (3.72)	0.020*** (3.52)	0.020*** (3.60)

续表

VARIABLES	(1) COC	(2) COC	(3) COC	(4) COC	(5) ABSCCG	(6) ABSCCG	(7) ABSCCG	(8) ABSCCG
LEV	0.071*** (6.78)	0.070*** (6.76)	0.070*** (6.76)	0.071*** (6.80)	−0.008** (−2.56)	−0.008** (−2.54)	−0.008** (−2.56)	−0.008** (−2.56)
STATE	0.004 (0.67)	0.004 (0.70)	0.004 (0.64)	0.004 (0.65)	0.011 (1.31)	0.011 (1.31)	0.011 (1.31)	0.011 (1.28)
BLOCK	−0.001*** (−5.07)	−0.001*** (−5.09)	−0.001*** (−5.08)	−0.001*** (−5.03)	−0.001*** (−6.72)	−0.001*** (−6.66)	−0.001*** (−6.71)	−0.001*** (−6.72)
OUTSIDE_DIRECTOR	−0.172*** (−6.02)	−0.172*** (−6.09)	−0.175*** (−6.11)	−0.176*** (−6.12)	−0.018 (−0.53)	−0.019 (−0.54)	−0.019 (−0.54)	−0.020 (−0.56)
INSTITUTOR	−0.000** (−2.47)	−0.000** (−2.48)	−0.000** (−2.41)	−0.000** (−2.38)	−0.000 (−0.15)	−0.000 (−0.15)	−0.000 (−0.15)	−0.000 (−0.16)
Constant	0.239*** (4.81)	0.241*** (4.84)	0.241*** (4.82)	0.240*** (4.81)	0.375*** (8.07)	0.376*** (8.09)	0.376*** (8.00)	0.377*** (8.10)
Observations	8434	8434	8434	8434	3946	3946	3946	3946
R−squared	0.111	0.111	0.111	0.111	0.056	0.057	0.056	0.057
Number of code	1765	1765	1765	1765	1440	1440	1440	1440
P−value	0	0	0	0	0	0	0	0

续表

VARIABLES	(9) ABSCCG_POS	(10) ABSCCG_POS	(11) ABSCCG_POS	(12) ABSCCG_POS	(13) ABSCCG_NEG	(14) ABSCCG_NEG	(15) ABSCCG_NEG	(16) ABSCCG_NEG
INTERLOCK_NUM	−0.001* (−1.88)	−0.001*** (−2.58)	−0.001 (−1.12)	−0.001* (−1.87)	0.001** (2.41)	0.001* (1.88)	0.001** (2.39)	0.001** (2.46)
INTERLOCK_OPRT		−0.012* (−1.77)				0.002 (0.24)		
INTERLOCK_OPRT× INTERLOCK_NUM		0.001** (2.18)				0.000 (0.56)		
INTERLOCK_GOV			−0.000 (−0.05)				−0.001 (−0.17)	
INTERLOCK_GOV× INTERLOCK_NUM			−0.000 (−0.59)				−0.000 (−0.59)	
INTERLOCK_FIN				0.008 (0.26)				0.047 (1.35)
INTERLOCK_FIN× INTERLOCK_NUM				−0.001 (−0.51)				−0.006** (−1.96)
SIZE	−0.005*** (−2.66)	−0.005*** (−2.66)	−0.005*** (−2.68)	−0.005*** (−2.65)	0.005** (2.57)	0.005** (2.54)	0.005** (2.54)	0.005*** (2.60)
BETA	0.007* (1.75)	0.007* (1.77)	0.007* (1.74)	0.007* (1.75)	−0.001 (−0.20)	−0.001 (−0.19)	−0.001 (−0.20)	−0.001 (−0.20)
ROA	−0.338*** (−10.97)	−0.338*** (−10.97)	−0.337*** (−10.93)	−0.338*** (−10.96)	−0.133*** (−3.93)	−0.132*** (−3.88)	−0.132*** (−3.89)	−0.133*** (−3.92)
LOSS	−0.014*** (−4.85)	−0.014*** (−4.93)	−0.013*** (−4.81)	−0.014*** (−4.95)	−0.059*** (−15.11)	−0.058*** (−15.72)	−0.059*** (−15.12)	−0.057*** (−15.01)

续表

VARIABLES	(9) ABSCCG_POS	(10) ABSCCG_POS	(11) ABSCCG_POS	(12) ABSCCG_POS	(13) ABSCCG_NEG	(14) ABSCCG_NEG	(15) ABSCCG_NEG	(16) ABSCCG_NEG
LEV	0.019*** (3.47)	0.018*** (4.10)	0.019*** (3.47)	0.018*** (4.10)	−0.000 (−0.03)	−0.009* (−1.69)	−0.000 (−0.03)	−0.009* (−1.69)
STATE	0.006 (0.84)	0.005 (0.80)	0.006 (0.82)	0.006 (0.84)	−0.005 (−0.65)	−0.005 (−0.70)	−0.005 (−0.68)	−0.005 (−0.62)
BLOCK	−0.001*** (−3.85)	−0.001*** (−3.83)	−0.001*** (−3.87)	−0.001*** (−3.85)	0.001*** (3.23)	0.001*** (3.19)	0.001*** (3.20)	0.001*** (3.24)
OUTSIDE_DIRECTOR	0.025 (0.86)	0.028 (0.95)	0.027 (0.93)	0.025 (0.88)	0.045 (1.40)	0.048 (1.51)	0.048 (1.48)	0.047 (1.46)
INSTITUTOR	0.000 (0.40)	0.000 (0.46)	0.000 (0.40)	0.000 (0.40)	−0.000 (−0.65)	−0.000 (−0.64)	−0.000 (−0.65)	−0.000 (−0.66)
Constant	0.154*** (3.95)	0.155*** (3.99)	0.154*** (3.93)	0.153*** (3.93)	−0.192*** (−4.47)	−0.191*** (−4.45)	−0.190*** (−4.40)	−0.194*** (−4.52)
Observations	3946	3946	3946	3946	3946	3946	3946	3946
R−squared	0.062	0.064	0.062	0.062	0.017	0.017	0.017	0.018
Number of code	1440	1440	1440	1440	1440	1440	1440	1440
P−value	0	0	0	0	4.85e−07	1.47e−06	1.89e−06	5.87e−07

公司治理机制是由许多内生性的因素所决定的，而这些内生性因素也会间接地影响到公司的权益资本成本。因此，借鉴 Ashbaughm 等（2004）取变化值的方法，本章所涉及的样本是从 2002~2014 年，因此，与公司治理相关的解释变量、被解释变量、高管联结、不同“圈子”高管联结以及高管联结数量的变化值取 2014 年减去 2002 年的值。然后代入模型（6-1）至模型（6-8）进行回归分析，回归结果如表 6-11 所示，我们发现结果并没有发生重大改变。

6.5.5.2 使用 ONJ 模型计算的权益资本成本作为替代变量

为了确定研究结果的稳定性，我们借鉴 Ohlson 和 Junetter-Nauroth（2000）计算权益资本成本的方法，重新计算模型的被解释变量——权益资本成本（COC_O），并将结果代入模型（6-1）至模型（6-8）中，分别重新检验了高管联结、高管联结的数量以及不同“圈子”高管联结与权益资本成本的关系。检验结果如表 6-12 所示，通过替代变量的检验，我们发现高管联结、高管联结数量与权益资本成本之间显著负相关关系并没有改变，同时不同“圈子”高管联结对权益资本成本的影响不同也没有发生大的变化。

6.6 小 结

本章通过以往文献的研究，对权益资本成本的影响因素进行了分析，总结出权益资本成本受到公司特征、信息披露质量以及信息透明度、投资者保护程度以及公司治理完善程度的影响，上述影响因素都是从公司的角度作为研究的出发点。本章从公司高管的社会网络关系视角，分析了具有相同个人属性特征的高管所形成的联结关系对公司的权益资本成本的影响，同时研究了高管联结关系的数量是如何影响公司的权益资本成本。此外，由于高管联结是由不同“圈子”的高管通过兼任职位形成的。因此，本章对于“经营圈”“财务圈”和“治理圈”高管联结对权益资本成本的影响进行了进一步

表 6-11　稳健性检验——变化对变化

VARIABLES	(1) CCOC	(2) CCOC	(3) CCOC	(4) CCOC	(5) CCOC	(6) CCOC
cINTERLOCK	-0.011 (-0.97)					
cINTERLOCK_NUM			-0.001* (-1.95)	-0.001** (-2.40)	-0.001* (-1.70)	-0.001** (-2.12)
cINTERLOCK_OPRT		-0.001 (-0.11)		0.014** (2.09)		
cINTERLOCK_OPRT×INTERLOCK_NUM				0.002*** (4.54)		
cINTERLOCK_GOV		-0.018* (-1.70)			-0.014** (-2.28)	
cINTERLOCK_GOC×INTERLOCK_NUM					-0.001* (-1.65)	
cINTERLOCK_FIN		-0.070* (-1.86)				-0.040 (-1.07)
cINTERLOCK_FIN×INTERLOCK_NUM						-0.009*** (-3.12)
cSIZE	-0.004 (-1.06)	-0.003 (-1.01)	-0.004 (-1.10)	-0.005 (-1.54)	-0.003 (-1.00)	-0.003 (-0.81)
cBETA	-0.012* (-1.88)	-0.014** (-2.28)	-0.011* (-1.74)	-0.014** (-2.29)	-0.012* (-1.95)	-0.012** (-1.99)
OPRISK	0.457*** (13.24)	0.459*** (13.32)	0.455*** (13.20)	0.452*** (13.21)	0.460*** (13.35)	0.454*** (13.20)

续表

VARIABLES	(1) CCOC	(2) CCOC	(3) CCOC	(4) CCOC	(5) CCOC	(6) CCOC
ROA	-0.040 (-0.62)	-0.038 (-0.59)	-0.046 (-0.72)	-0.052 (-0.83)	-0.041 (-0.65)	-0.045 (-0.71)
LOSS	-0.004 (-0.33)	-0.003 (-0.25)	-0.005 (-0.47)	-0.006 (-0.51)	-0.004 (-0.30)	-0.007 (-0.64)
cLEV	0.050*** (3.97)	0.052*** (4.11)	0.050*** (4.01)	0.059*** (4.72)	0.056*** (4.37)	0.050*** (4.00)
STATE	0.042*** (6.25)	0.042*** (6.23)	0.042*** (6.22)	0.041*** (6.11)	0.042*** (6.22)	0.043*** (6.39)
cBLOCK	-0.000 (-1.42)	-0.000 (-1.58)	-0.000 (-1.10)	-0.000 (-0.84)	-0.000 (-0.96)	-0.000 (-1.12)
cOUTSIDE_DIRECTOR	-0.021 (-0.64)	-0.009 (-0.28)	-0.018 (-0.55)	-0.014 (-0.41)	-0.016 (-0.49)	0.004 (0.11)
cINSTITUTOR	-0.000** (-2.01)	-0.000* (-1.95)	-0.000* (-1.73)	-0.000* (-1.74)	-0.000* (-1.72)	-0.000* (-1.69)
Constant	-0.098*** (-2.75)	-0.099*** (-2.79)	-0.123*** (-3.44)	-0.122*** (-3.40)	-0.124*** (-3.46)	-0.123*** (-3.44)
Observations	1479	1479	1479	1479	1479	1479
R-squared	0.583	0.586	0.584	0.592	0.587	0.588
P-value	0	0	0	0	0	0

表 6-12　稳健性检验——替换变量

VARIABLES	(1) COC_O	(2) COC_O	(3) ABSCCG_O	(4) ABSCCG_O	(5) COC_O	(6) COC_O	(7) COC_O	(8) COC_O	(9) ABSCCG_O	(10) ABSCCG_C	(11) ABSCCG_O	(12) ABSCCG_O
INTERLOCK	–0.010** (–2.11)		–0.010* (–1.74)									
INTERLOCK_NUM					–0.001* (–1.95)	–0.001** (–2.00)	–0.000 (–1.13)	–0.001* (–1.95)	–0.001* (–1.72)	–0.001* (–1.71)	–0.001 (–1.37)	–0.001* (–1.81)
INTERLOCK_OPRT		–0.012** (–2.35)		–0.006 (–0.87)		–0.006 (–0.96)				0.001 (0.09)		
INTERLOCK_OPRT×INTERLOCK_NUM						0.001 (0.84)				0.000 (0.27)		
INTERLOCK_GOV		–0.007 (–1.64)		–0.008 (–1.34)			0.002 (0.48)				–0.004 (–0.77)	
INTERLOCK_GOV×INTERLOCK_NUM							–0.000 (–0.38)				0.000 (0.30)	
INTERLOCK_FIN		–0.021 (–0.89)		–0.012 (–0.44)				–0.018 (–0.50)				–0.045 (–1.14)
INTERLOCK_FIN×INTERLOCK_NUM								0.001 (0.22)				0.005 (1.35)
SIZE	0.007*** (9.70)	0.007*** (9.74)	0.000 (0.04)	–0.000 (–0.27)	0.011*** (6.41)	0.011*** (6.41)	0.011*** (6.43)	0.011*** (6.41)	0.001 (0.40)	0.001 (0.38)	0.000 (0.34)	0.000 (0.34)
BETA	0.005 (1.17)	0.005 (1.15)	0.017*** (3.17)	0.016*** (3.10)	0.002 (0.52)	0.002 (0.53)	0.002 (0.52)	0.002 (0.52)	0.016*** (3.11)	0.016*** (3.11)	0.017*** (3.13)	0.016*** (3.07)
OPRISK	0.211*** (15.69)	0.211*** (15.69)	0.125*** (5.18)	0.121*** (5.00)	0.273*** (14.90)	0.273*** (14.89)	0.274*** (14.91)	0.273*** (14.90)	0.125*** (5.16)	0.125*** (5.16)	0.125*** (5.17)	0.125*** (5.17)

续表

VARIABLES	(1) COC_O	(2) COC_O	(3) ABSCCG_O	(4) ABSCCG_O	(5) COC_O	(6) COC_O	(7) COC_O	(8) COC_O	(9) ABSCCG_O	(10) ABSCCG_O	(11) ABSCCG_O	(12) ABSCCG_O
ROA	-0.223*** (-7.22)	-0.223*** (-7.20)	-0.064* (-1.79)	-0.076** (-2.13)	-0.172*** (-4.79)	-0.172*** (-4.77)	-0.172*** (-4.78)	-0.172*** (-4.77)	-0.067* (-1.86)	-0.066* (-1.83)	-0.065* (-1.82)	-0.065* (-1.81)
LOSS	0.052*** (8.72)	0.052*** (8.72)	-0.101*** (-12.76)	-0.101*** (-12.74)	0.058*** (8.65)	0.058*** (8.64)	0.058*** (8.65)	0.058*** (8.65)	-0.091*** (-11.56)	-0.091*** (-11.54)	-0.093*** (-11.56)	-0.091*** (-11.53)
LEV	0.056*** (7.16)	0.056*** (7.17)	0.002 (0.15)	0.002 (0.17)	0.061*** (6.64)	0.062*** (6.65)	0.061*** (6.64)	0.061*** (6.64)	0.002 (0.13)	0.001 (0.15)	0.001 (0.11)	0.002 (0.13)
STATE	0.042*** (6.22)	0.024*** (3.62)	0.018*** (3.47)	0.041*** (6.11)	-0.007** (-1.98)	-0.007* (-1.96)	-0.007** (-1.99)	-0.007** (-1.99)	-0.003 (-0.70)	-0.003 (-0.71)	-0.003 (-0.67)	-0.003 (-0.71)
BLOCK	-0.000 (-1.59)	-0.000 (-1.62)	-0.000** (-2.13)	-0.000** (-2.09)	-0.000 (-1.61)	-0.000 (-1.61)	-0.000 (-1.62)	-0.000 (-1.62)	-0.000** (-1.97)	-0.000** (-1.98)	-0.000* (-1.96)	-0.000** (-2.03)
OUTSIDE_ DIRECTOR	-0.064*** (-2.62)	-0.067*** (-2.74)	-0.024 (-0.79)	-0.021 (-0.61)	-0.123*** (-3.45)	-0.122*** (-3.41)	-0.124*** (-3.47)	-0.123*** (-3.45)	-0.022 (-0.74)	-0.021 (-0.69)	-0.021 (-0.70)	-0.022 (-0.73)
INSTITUTOR	-0.001** (-2.44)	-0.001** (-2.48)	-0.001*** (-3.38)	-0.001*** (-3.29)	-0.001** (-2.36)	-0.001** (-2.14)	-0.001** (-2.33)	-0.001** (-2.34)	-0.001*** (-3.28)	-0.001*** (-3.36)	-0.001*** (-3.18)	-0.001*** (-3.12)
Constant	-0.110** (-2.09)	-0.109** (-2.08)	0.014 (0.38)	0.017 (0.49)	-0.081 (-1.62)	-0.082 (-1.63)	-0.079 (-1.57)	-0.081 (-1.61)	0.011 (0.31)	0.013 (0.39)	0.025 (0.73)	0.008 (0.22)
Observations	4504	4504	1768	1768	3669	3669	3669	3669	1768	1768	1768	1768
R-squared	0.764	0.764	0.548	0.546	0.768	0.769	0.769	0.768	0.548	0.548	0.548	0.548
P-value	0	0	0	0	0	0	0	0	0	0	0	0

的分析。

通过实证研究发现：

（1）上市公司高管联结可以显著降低公司的权益资本成本。

（2）不同的"圈子"对权益资本成本的影响不同，其中"经营圈""治理圈"高管联结对权益资本成本有显著的降低作用，而"财务圈"高管联结关系对权益资本成本的影响较弱。

（3）高管联结的数量越多，权益资本成本降低的程度越大；"经营圈""财务圈"与"治理圈"高管联结的数量越多，对权益资本成本的影响越不显著。

第 7 章　研究结论

7.1　主要研究结论

经过研究与分析，我们发现，公司间的高管联结关系数量从 2002 年的 951 家到 2014 年的 2076 家，占 A 股上市公司的比例从 2002 年的 77.6%增长到 2014 年的 90.8%，[①] 表明公司间通过高管在其他公司兼任职位所建立的社会网络联结关系逐年增加，同时也说明具有联结关系的上市公司逐渐成为普遍现象。基于社会网络理论中的镶嵌理论和社会资本理论，鉴于目前高管联结普遍存在于上市公司中，那么高管联结网络中镶嵌的社会资本等各项信息以及资源必然会通过正式或非正式的渠道影响到公司的发展。因此，以社会网络的视角对高管联结与公司经营和治理行为之间的关系展开研究就非常有意义。此外，由于以往关于高管联结（连锁董事或董事网络）的研究主要是关于高管联结的直接经济后果的研究，甚少有研究对高管联结的内部结构进行研究，本书则以高管联结的形成机理为研究切入点，通过对高管联结内部形成机理的分析，对具有某些共同个人属性特征的高管所形成的联结关系进行分析，进一步研究这样的高管联结关系以及联结关系的数量对公司业绩、盈余管理与资本成本的影响。

① 该比例不包括 A 股中的创业板等上市公司数据。

本书从高管联结的内部形成机理为研究切入点，首先将公司的高管分为三类：经营、财务以及治理。其中，“经营圈”的高管指的是总经理、副总经理、董事长、副董事长、CEO 等参与公司日常经营活动的管理层；“财务圈”的高管指的是财务总监、总会计师、总经济师等负责公司的财务管理的管理层；“治理圈”的高管指的是董事会、监事会等负责公司治理及相关工作的管理层。其次按照高管具有共同个人属性特征——职务，所形成的高管联结分为三个圈子：“经营圈”高管联结、“财务圈”高管联结与“治理圈”高管联结。在对高管联结形成机理分析的基础上，结合社会网络理论中的镶嵌理论、社会资本理论，高管联结网络关系中镶嵌着有利于公司经营与治理的各种信息以及资源，同时结合声誉激励理论的激励与约束效应，高管有能力并且有动机通过建立高管联结关系提高公司的经营效率以及公司治理效率。结合理论基础，本书对不同“圈子”的高管联结对公司经营与治理的影响进行实证分析，并得出相应的结论。此外，本书还对公司间高管联结的数量与公司经营及治理的影响进行了研究。通过上述研究，本书得到了如下结论：

在公司经营方面以公司业绩为主要的研究对象，将公司总资产收益率（ROA）、经行业中位数调整后的 ROA_ADJ 以及 MB 作为公司业绩的代理变量，研究了高管联结对公司业绩的影响，并且对高管联结不同形成机理对公司业绩的影响也作了研究。此外，还进一步的对高管联结的数量对公司业绩的影响进行了分析。结果发现：首先公司间的高管联结关系提高了公司业绩的水平，不同的“圈子”对公司业绩的影响程度也不同，具体而言，当公司业绩的代理变量为 ROA、ROA_ADJ 以及 MB 时，“经营圈”“财务圈”以及“治理圈”高管联结关系对公司业绩都呈显著的正相关关系，但就具体影响而言，“财务圈”与“经营圈”高管联结关系对公司业绩的影响显著程度较高（在 1%~5%的水平上呈显著正相关关系），“治理圈”高管联结关系与公司业绩则为 5%~10%的水平上呈显著正相关关系，相对而言对公司业绩的影响较小。此外，本书对公司间高管联结的数量对公司业绩的影响进行了分析，发现公司间高管的联结数量与公司业绩水平呈显著正相关关系，表明公司间高管联结的数量越多，公司业绩越高，但“经营圈”“治理圈”以及“财务圈”的公司间高管联结数量越多，公司业绩水平越差，在“经营圈”和“治理圈”的联结关系中影响显著。造成上述结果的原因可能是由于繁忙的“经营圈”“治理圈”高管，其精力有限，联结数量越多，高管越繁忙，经营公司与公司治理的效率越低，从而公司业绩越差。

在公司治理方面，以盈余管理为主要的研究对象，将通过操纵应计项目进行盈余管理的行为（DA）以及通过真实的经济活动进行盈余管理（RM）作为盈余管理的代理变量，研究了高管联结对盈余管理的影响，并且对高管联结不同形成机理对盈余管理的影响也作了研究。此外，进一步地对高管联结的数量对盈余管理的影响进行了分析。结果发现：上市公司通过操纵应计项目进行盈余管理逐步降低，而通过真实的经营活动进行盈余管理的行为逐步增加。上市公司高管联结可以抑制通过应计项目以及真实的经营活动进行盈余管理的行为；不同的“圈子”对应计项目盈余管理与真实经营活动的盈余管理的影响不同，其中“经营圈”高管联结对通过应计项目进行盈余管理的抑制效果较“财务圈”与“治理圈”显著，而“经营圈”“财务圈”和“治理圈”高管联结对真实的经营活动进行盈余管理的抑制效果较好。此外，本书对公司间高管联结的数量对盈余管理的影响进行了分析，发现高管联结的数量越多，抑制盈余管理的效率越高，但“经营圈”“治理圈”以及“财务圈”的公司间高管联结数量越多，抑制公司盈余管理的效率越低。

在公司的资本成本方面，以公司的权益资本成本作为主要研究对象，将Eston（2004）使用的确定权益资本成本的方法作为代理变量，研究了高管联结对权益资本成本的影响，并且对高管联结的形成机理对权益资本成本的影响也作了研究。此外，还进一步地对高管联结的数量对权益资本成本的影响进行了分析。结果发现：上市公司高管联结可以显著降低公司的权益资本成本；不同的“圈子”对权益资本成本的影响不同，具体而言，其中“经营圈”“治理圈”高管联结对权益资本成本有显著的降低作用，而“财务圈”高管联结关系对权益资本成本的影响较弱。此外，本书对公司间高管联结的数量对公司权益资本成本的影响进行了分析，发现高管联结的数量越多，权益资本成本降低的程度越大。对不同“圈子”的高管联结数量与权益资本成本的研究，发现在“经营圈”“财务圈”与“治理圈”高管联结中，联结关系的数量对权益资本成本的影响并不显著。

以上的实证研究结果表明，高管联结对公司业绩有一定的提高作用，同时对公司的盈余管理水平有一定的抑制作用，有助于降低公司的权益资本成本，以上三个角度证明了形成机理在高管联结对公司经营以及治理方面的影响作用。

综上所述，本书通过梳理国内外关于连锁董事、董事网络关系以及高管联结的相关研究，在已有研究的基础上，以高管联结的形成机理为研究视角，运用社会网络相关理论以及声誉激励理论，对高管联结对公司经营与公司治理的行为进行研究，并通过实证检验的方式得出了相关的结论。

7.2 政策建议

通过本书研究分析的结果，我们提出以下政策建议：

首先，目前我国证监会等相关监管机构对上市公司的董事会、监事会以及独立董事等成员做出了相关的限制。例如，对每家上市公司董事会中成员比例以及相关专业和学历设置了详细的要求（董事会成员至少 1/3 应为独立董事，其中至少一名财务专家等）。此外，证监会等监管部门也对上市公司高管的兼职做出了相应的限制，例如，独立董事任职数量最多不超过 5 个等。对公司以及高管个人做出限制的出发点在于提高公司治理的有效性。本书的研究包括了上市公司的高管（董事会、监事会、经营管理层等），依据研究结果，我们发现具有某些相同个人属性特征的高管所形成的公司间的高管联结关系有助于提高公司的经营与治理效率，因此，可以在一定程度上鼓励具有某些共同个人属性特征的高管人员在上市公司中兼任职务建立联结关系，有利于我国资本市场稳定的同时还可以提高上市公司的经营与治理效率。

其次，通过本书的分析，我们发现上市公司间高管联结已经成为普遍现象，约有 90%的上市公司具有高管联结关系。对于已经具有高管联结关系的公司，应关注本公司具有联结关系的高管，有效利用该联结关系提高公司的经营与治理效率，最大化高管联结关系的价值。另外，在选择公司高管人员时，需深入考虑高管个人的社会网络关系，是否可以优化本公司的治理结构并提高公司的经营效率，应有选择性地建立本公司的高管团队。

7.3　研究局限性及未来展望

高管联结的网络关系是错综复杂的，本书通过对国内外学者的已有研究进行了一些合理化的拓展研究，并取得了一定的预期研究效果，但由于时间以及能力的限制，本书的研究还存在一些局限性，需要在未来的研究中完善。

7.3.1　研究局限性

第一，公司高管的社会网络关系有很多种类型，本书选取了通过在其他公司中兼任职位的形式所形成的高管联结关系，只是众多联结关系中的一种。其他类似的高管社会网络关系还有通过老乡关系、校友关系、同一个俱乐部以及同一个贸易组织等所建立的高管联结关系。

第二，本书的研究样本局限于上市公司的高管联结，其实在非上市公司中也存在非常普遍的通过兼任职位所形成的高管联结关系。因此，在一定程度上本书的研究结论只是局限于上市公司的高管联结关系，而对非上市公司的情况适用与否则没有实证证据支持。此外，在研究方法的选择方面也存在一定的不足。在对高管联结关系的分析方法的选择上，可能本书的选择较为单一，应该使用社会网络结构分析方法中的其他方法对高管联结关系进行分析，例如中介中心度、程度中心度、接近中心度、特征向量中心度等方法。此外，还应使用结构洞理论以及相关的分析方法对高管联结进行分析。

第三，本书没有对产权性质究竟会对高管联结与公司业绩及公司治理之间的关系产生何种影响进行分析。国有企业与非国有企业在公司业绩以及公司治理方面都存在一些差异，高管联结对公司业绩、盈余管理以及权益资本成本的影响是否在国有企业与非国有企业中都是一致的还需要进一步的研究。

第四，本书虽然考虑到了可能存在的内生性问题，并采用了固定效应模型、滞后变量法以及变化值法进行检验，但可能并不能完全解决本书存在的内生性问题，应该尝试使用工具变量法、DID 法等多种方法进一步分析检验。

7.3.2 未来展望

基于上述研究的局限性，未来可能存在的研究机会如下：

首先，未来可以对高管的其他社会网络关系进行分析与研究，例如，通过老乡关系或校友关系建立的高管联结是如何对公司的经营以及治理行为产生影响的。这方面的研究的难点在于数据搜集以及联结关系的确认，目前国内的主流数据库中没有对高管的校友及老乡关系有统一的记录，因此，研究上述主题需手工收集相关数据，存在一定的难度。

其次，在未来研究高管通过兼任职位建立的高管联结关系，可以将研究样本扩展到非上市公司中，数据可能是一个难点，但我们可以通过问卷调查、实地调研等方式获取非上市公司的数据。这样既可以补充样本的完整性，又可以将非上市公司纳入研究样本，实证结果的解释性更强。此外，在未来对高管联结的研究中，在研究方法的选择上应更加多样化，例如可以使用结构洞位置、中介中心度、程度中心度、接近中心度、特征向量中心度等方法结合起来对高管联结关系中高管的网络位置的不同对公司行为的影响是否不同。

再次，未来对高管联结与公司经营与治理行为的影响，可以关注产权性质在其中的影响。毕竟我国上市公司的一个主要特征是区分国有与非国有，并且产权性质不同，公司高管的行为也可能存在差异。因此，研究国有企业以及非国有企业中的高管联结关系的影响后果是否一致也非常有意义。

最后，在未来的研究中，通过学习与掌握其他处理内生性问题的方法，例如，两阶段回归模型、工具变量法、DID 法等，可以进一步解决本书可能存在的内生性问题。

参考文献

[1] 蔡春，李明，和辉. 约束条件，IPO 盈余管理方式与公司业绩——基于应计盈余管理与真实盈余管理的研究 [J]. 会计研究，2013 (10)：35-42.

[2] 蔡春，谢柳芳，马可娜. 高管审计背景，盈余管理与异常审计收费 [J]. 会计研究，2015 (3)：72-78.

[3] 陈军，刘莉. 上市公司董事会特征与公司业绩关系研究 [J]. 中国软科学，2006 (11)：101-108.

[4] 陈仕华，陈钢. 企业间高管联结与财务重述行为扩散 [J]. 经济管理，2013 (8)：134-143.

[5] 陈仕华，姜广省，卢昌崇. 董事联结，目标公司选择与并购绩效——基于并购双方之间信息不对称的研究视角 [J]. 管理世界，2013 (12)：117-132.

[6] 陈仕华，马超. 企业间高管联结与慈善行为一致性 [J]. 管理世界，2011 (12)：87-94.

[7] 陈运森. 社会网络与企业效率：基于结构洞位置的证据 [J]. 会计研究，2015 (1)：48-55.

[8] 陈运森. 独立董事的网络特征与公司代理成本 [J]. 经济管理，2012 (10)：67-76.

[9] 陈运森. 独立董事网络中心度与公司信息披露质量 [J]. 审计研究，2012 (5)：92-100.

[10] 陈运森，谢德仁. 网络位置，独立董事治理与投资效率 [J]. 管理世界，2011 (7)：113-127.

[11] 陈运森，谢德仁. 董事网络，独立董事治理与高管激励 [J]. 金融研究，2012（2）：168–182.

[12] 醋卫华. 公司治理，声誉机制与权益资本成本 [J]. 湘潭大学学报（哲学社会科学版），2013（1）：57–61.

[13] 邓建平，曾勇. 政治关联能改善民营企业的经营绩效吗 [J]. 中国工业经济，2009，2（98）：108.

[14] 邓新明. 我国民营企业政治关联，多元化战略与公司绩效 [J]. 南开管理评论，2011（4）：4–15.

[15] 杜兴强，周泽将. 高管变更，继任来源与盈余管理 [J]. 当代经济科学，2010（1）：23–33.

[16] 段海艳，仲伟周. 企业连锁董事的形成机理及其实证分析——基于我国 160 家上市公司的经验研究 [J]. 生产力研究，2008（24）：68–70.

[17] 傅代国，夏常源. 网络位置，独立董事治理与盈余质量 [J]. 审计与经济研究，2014（2）：67–75.

[18] 高明华，方芳. 董事会治理和财务治理的作用效应——基于应计与真实活动盈余管理的实证检验 [J]. 经济与管理研究，2014（8）：108–119.

[19] 何威风. 高管团队垂直对特征与企业盈余管理行为研究 [J]. 南开管理评论，2015，18（1）：141–151.

[20] 贺子龙. 不同股权结构下高管的政府背景对公司价值的影响 [D]. 上海交通大学硕士学位论文，2009.

[21] 胡奕明，唐松莲. 独立董事与上市公司盈余信息质量 [J]. 管理世界，2008（9）：149–160.

[22] 黄新建，张会. 地区环境，政治关联与审计师选择——来自中国民营上市公司的经验证据 [J]. 审计与经济研究，2011（3）：44–52.

[23] 姜付秀，陆正飞. 多元化与资本成本的关系——来自中国股票市场的证据 [J]. 会计研究，2006（6）：48–55.

[24] 姜付秀，支晓强，张敏. 投资者利益保护与股权融资成本 [J]. 管理世界，2008（2）：117–125.

[25] 李春涛，孔笑微. 经理层整体教育水平与上市公司经营绩效的实证研究 [J]. 南开经济研究，2005（1）：8–14.

[26] 李留闯，田高良. 公司关系网络和高管薪酬：理论模型和实证 [J]. 系统工程理论与实践，2014（1）：54–63.

[27] 李青原，张肖星，王红建. 独立董事连锁与公司盈余质量的传染效应 [J]. 财务研究，2015（4）：3.

[28] 李爽，吴溪. 盈余管理，审计意见与监事会态度 [J]. 审计研究，2003（1）：4–6.

[29] 李延喜，包世泽，高锐等. 薪酬激励，董事会监管与上市公司盈余管理 [J]. 南开管理评论，2007，10（6）：55–61.

[30] 李燕萍，孙红，张银. 高管报酬激励，战略并购重组与公司绩效——来自中国 A 股上市公司的实证 [J]. 管理世界，2008（12）：177–179.

[31] 李增福，郑友环，连玉君. 股权再融资，盈余管理与上市公司业绩滑坡 [J]. 中国管理科学，2011，19（2）：49–56.

[32] 李增泉. 激励机制与企业绩效—— 一项基于上市公司的实证研究 [J]. 会计研究，2000，1（1）：24–24.

[33] 林永坚，王志强，李茂良. 高管变更与盈余管理——基于应计项目操控与真实活动操控的实证研究 [J]. 经济研究，2013（1）：1.

[34] 刘继红，章丽珠. 高管的审计师工作背景，关联关系与应计，真实盈余管理 [J]. 审计研究，2014（4）：104–112.

[35] 刘颖，钟田丽，张天宇. 连锁董事网络，控股股东利益侵占与融资结构关系——基于我国中小板上市公司的实证检验 [J]. 经济管理，2015（4）：148–158.

[36] 刘永泽，张多蕾，唐大鹏. 市场化程度，政治关联与盈余管理——基于深圳中小板民营上市公司的实证研究 [J]. 审计与经济研究，2013（2）：49–58.

[37] 刘玉春. 股东背景，高管特征与高新技术企业绩效关系研究——基于中关村“新三板”的场外交易信息披露 [J]. 中国注册会计师，2012（7）：

86–91.

[38] 刘玉敏. 我国上市公司董事会效率与公司绩效的实证研究 [J]. 南开管理评论，2006，9（1）：84–90.

[39] 卢昌崇，陈仕华. 连锁董事理论：来自中国企业的实证检验 [J]. 中国工业经济，2006（1）：113–119.

[40] 卢昌崇，陈仕华. 断裂联结重构：连锁董事及其组织功能 [J]. 管理世界，2009（5）：152–165.

[41] 陆正飞，魏涛. 配股后业绩下降：盈余管理后果与真实业绩滑坡 [J]. 会计研究，2006（8）：52–59.

[42] 吕暖纱，杨锋，陆正华等. 权益资本成本与公司治理的相关性研究——来自中国民营科技上市公司的经验证据 [J]. 工业技术经济，2007，26（1）：143–145.

[43] 吕晓亮. 高管背景特征对企业盈余质量影响的实证研究——基于沪市 A 股制造业的经验数据 [J]. 财会通讯，2016（12）：13.

[44] 罗宏，曾永良，宛玲羽. 薪酬攀比，盈余管理与高管薪酬操纵 [J]. 南开管理评论，2016（2）：19–31，74.

[45] 罗玫，陈运森. 建立薪酬激励机制会导致高管操纵利润吗？[J]. 中国会计评论，2010（1）：3–16.

[46] 马超，陈仕华. 连锁董事联结与会计师事务所选择 [J]. 审计研究，2012（2）：75–81.

[47] 马连福，胡艳，高丽. 投资者关系管理水平与权益资本成本——来自深交所 A 股上市公司的经验证据 [J]. 经济与管理研究，2008（6）：23–28.

[48] 马连福，张琦，王丽丽. 董事会网络位置与企业技术创新投入——基于技术密集型上市公司的研究 [J]. 科学学与科学技术管理，2016，37（4）：126–136.

[49] 毛新述，叶康涛，张頔. 上市公司权益资本成本的测度与评价——基于我国证券市场的经验检验 [J]. 会计研究，2012（11）：12–22.

[50] 潘红波，夏新平，余明桂. 政府干预，政治关联与地方国有企业并

购［J］. 经济研究，2008，4（4）：41–53.

［51］彭正银，廖天野. 连锁董事治理效应的实证分析——基于内在机理视角的探讨［J］. 南开管理评论，2008（1）：99–105.

［52］钱戮琳. 连锁董事与盈余质量研究［J］. 中南财经政法大学研究生学报，2013（2）：23.

［53］任兵，区玉辉，彭维刚. 连锁董事与公司绩效：针对中国的研究［J］. 南开管理评论，2007，10（1）：8–15.

［54］沈艺峰，肖珉，黄娟娟. 中小投资者法律保护与公司权益资本成本［J］. 经济研究，2005，6（6）：115–124.

［55］田高良，李留闯，齐保垒. 连锁董事，财务绩效和公司价值［J］. 管理科学，2011，24（3）.

［56］万良勇，胡璟. 网络位置，独立董事治理与公司并购——来自中国上市公司的经验证据［J］. 南开管理评论，2014（2）：64–73.

［57］万良勇，郑小玲. 董事网络的结构洞特征与公司并购［J］. 会计研究，2014（5）：67–72.

［58］汪金龙，李创霏. 高管人力资本，高管报酬和公司绩效关系的实证研究——以中部地区上市公司为例［J］. 经济管理，2007，29（24）：33–38.

［59］汪炜，蒋高峰. 信息披露，透明度与资本成本［J］. 经济研究，2004（7）：2.

［60］王兵. 独立董事监督了吗？——基于中国上市公司盈余质量的视角［J］. 金融研究，2007（1）：109–121.

［61］王建新. 公司治理结构，盈余管理动机与长期资产减值转回——来自我国上市公司的经验证据［J］. 会计研究，2007（5）：60–66.

［62］王克敏，王志超. 高管控制权，报酬与盈余管理——基于中国上市公司的实证研究［J］. 管理世界，2007（7）：111–119.

［63］王敏，夏勇. 内部控制质量与权益资本成本关系研究述评与展望［J］. 经济与管理研究 ，2011（5）：49–55.

［64］王营，曹廷求. 董事网络增进企业债务融资的作用机理研究［J］. 金

融研究，2014（7）：189-206.

[65] 王志强，刘星. 上市公司 IPO 盈余管理与其后期市场表现的实证分析［J］. 经济管理，2003（18）：78-81.

[66] 魏刚. 高级管理层激励与上市公司经营绩效［J］. 经济研究，2000，3（12）：32-39.

[67] 魏卉，吴昊旻，谭伟荣. 终极人控制，管理层激励与股权融资成本［J］. 经济与管理研究，2012（11）：37-48.

[68] 魏卉，杨兴全. 终极控股股东，两权分离与股权融资成本［J］. 经济与管理研究，2011（2）：12-23.

[69] 魏立群，王智慧. 我国上市公司高管特征与企业绩效的实证研究［J］. 南开管理评论，2002，5（4）：16-22.

[70] 魏明海. 盈余管理基本理论及其研究述评［J］. 会计研究，2000，9（5）：4-6.

[71] 吴联生，薄仙慧，王亚平. 避免亏损的盈余管理程度：上市公司与非上市公司的比较［J］. 会计研究，2007，2（7）：44.

[72] 肖浩，夏新平. 政府干预，政治关联与权益资本成本［J］. 管理学报，2010（6）：921-929.

[73] 肖珉，沈艺峰. 跨地上市公司具有较低的权益资本成本吗？——基于“法与金融”的视角［J］. 金融研究，2008（10）：10.

[74] 肖松，赵峰. 法律，投资者保护与权益资本成本［J］. 经济与管理研究，2010（5）：19-23.

[75] 杨蓓，张俊瑞. 连锁董事，审计师选择与盈余管理［J］. 山西财经大学学报，2011（12）：117-124.

[76] 杨清香，张翼，张亮. 董事会特征与盈余管理的实证研究——来自中国上市公司的经验证据［J］. 中国软科学，2008（11）：133-140.

[77] 杨志强. 家族企业高管控制权收益：外部公平性与盈余管理行为——来自中国上市公司的经验证据［J］. 暨南大学学报（哲学社会科学版），2013，35（9）：30-43.

［78］叶康涛，陆正飞. 中国上市公司股权融资成本影响因素分析［J］. 管理世界，2004（5）：127-131.

［79］游家兴，刘淳. 嵌入性视角下的企业家社会资本与权益资本成本——来自我国民营上市公司的经验证据［J］. 财务管理，2011（6）：109-119.

［80］于富生，张胜，李岩. 管理者过度自信与权益资本成本——来自我国证券市场的经验证据［J］. 审计与经济研究，2011（1）：72-80.

［81］袁放建，冯琪，韩丹. 内部控制鉴证，终极控制人性质与权益资本成本——基于沪市 A 股的经验证据［J］. 审计与经济研究，2013（4）：34-42.

［82］袁萍，刘士余，高峰. 关于中国上市公司董事会，监事会与公司业绩的研究［J］. 金融研究，2006（6）：23-32.

［83］曾颖，陆正飞. 信息披露质量与股权融资成本［J］. 经济研究，2006（2）：69-79.

［84］张娆. 企业间高管联结与会计信息质量：基于企业间网络关系的研究视角［J］. 会计研究，2014（4）：27-33.

［85］张昕，杨再惠. 中国上市公司利用盈余管理避免亏损的实证研究［J］. 管理世界，2007（9）：166-167.

［86］赵峰，高明华. 民营企业的政治关联能降低权益资本成本吗？［J］. 山西财经大学学报，2012，34（8）：88-98.

［87］郑路航. 独立董事的政治关联与公司绩效［J］. 当代经济管理，2010，32（11）：20-25.

［88］支晓强，童盼. 盈余管理，控制权转移与独立董事变更——兼论独立董事治理作用的发挥［J］. 管理世界，2005（11）：137-144.

［89］周嘉南，雷霆. 股权激励影响上市公司权益资本成本了吗？［J］. 管理评论，2014，26（3）：39-52.

［90］朱星文，廖义刚，谢盛纹. 高级管理人员变更，股权特征与盈余管理——来自中国上市公司的经验证据［J］. 南开管理评论，2010（2）：23-29.

［91］左芬. CEO 和 CFO 的背景特征差异与盈余管理的关系研究［D］. 西南交通大学硕士学位论文，2015.

[92] Abarbanell J, Lehavy R. Biased forecasts or biased earnings? The role of reported earnings in explaining apparent bias and over/underreaction in analysts' earnings forecasts [J]. Journal of Accounting and Economics, 2003, 36 (1): 105-146.

[93] Akerlof G A. The Market for "Lemons": Quality Uncertainty and the Market Mechanism [J]. The Quarterly Journal of Economics, 1970, 84 (3): 488-500.

[94] Andres C, Bongard I, Lehmann M. Is busy really busy? Board governance revisited [J]. Journal of Business Finance & Accounting, 2013, 40 (9-10): 1221-1246.

[95] Ashbaugh H, Collins D W, LaFond R. Corporate governance and the cost of equity capital [J]. Working Paper, 2004 (1): 4-6.

[96] Barnea A, Guedj I. Sympathetic boards: Director networks and firm governance [C]. EFA Ljubljana Meetings Paper, Austin, 2007.

[97] Barth M E, Elliott J A, Finn M W. Market rewards associated with patterns of increasing earnings [J]. Journal of Accounting Research, 1999, 37 (2): 387-413.

[98] Battiston S, Bonabeau E, Weisbuch G. Decision making dynamics in corporate boards [J]. Physica A, 2003 (322): 567.

[99] Bazerman M H, Schoorman F D. A Limited Rationality Model of Interlocking Directorates [J]. Academy of Management Review, 1983, 8 (2): 206-217.

[100] Beasley M S. An empirical analysis of the relation between the board of director composition and financial STATEment fraud [J]. Accounting Review, 1996 (1): 443-465.

[101] Bebchuk L A, Cohen A. The costs of entrenched boards [J]. Journal of Financial Economics, 2005, 78 (2): 409-433.

[102] Berle A, Means G. The modern corporate and private property [M].

McMillian, New York, NY, 1932.

[103] Bertoni F, Randone P A. The Small-World of italian finance: Ownership interconnections and board interlocks amongst italian listed companies [J]. Ssrn Electronic Journal, 2006 (1): 7-14.

[104] Bertrand M, Kramarz F, Schoar A, et al. Politically connected CEOs and corporate outcomes: Evidence from france [J]. Unpublished Manuscript, 2004 (1): 7-14.

[105] Bizjak J, Lemmon M, Whitby R. Option backdating and board interlocks [J]. Review of Financial Studies, 2009, 22 (11): 4821-4847.

[106] Botosan C A. Disclosure level and the cost of equity capital [J]. Accounting Review, 1997 (1): 323-349.

[107] Boubakri N, Guedhami O, Mishra D, et al. Political connections and the cost of equity capital [J]. Journal of Corporate Finance, 2012, 18 (3): 541-559.

[108] Bourdieu P. Outline of a theory of practice [M]. Cambridge University Press, 1977.

[109] Bouwman C H S. Corporate governance propagation through overlapping directors [J]. Review of Financial Studies, 2011, 24 (7): 2358-2394.

[110] Brown J L, Drake K D. Network ties among low-tax firms [J]. The Accounting Review, 2013, 89 (2): 483-510.

[111] Brown T F. Theoretical perspectives on social capital [J]. Accounting Review, 1997 (1): 7-14.

[112] Burgstahler D, Dichev I. Earnings management to avoid earnings decreases and losses [J]. Journal of Accounting and Economics, 1997, 24 (1): 99-126.

[113] Burgstahler D, Eames M. Management of earnings and analysts' forecasts to achieve zero and small positive earnings surprises [J]. Journal of Business Finance & Accounting, 2006, 33 (5-6): 633-652.

[114] Burt R S. Structural holes: The social structure of competition [M]. Harvard University Press, 1992.

[115] Burt R S, Christman K P, Kilburn Jr H C. Testing a structural theory of corporate cooptation: Interorganizational directorate ties as a strategy for avoiding market constraints on profits [J]. American Sociological Review, 1980 (1): 821-841.

[116] Cai Y, Dhaliwal D S, Kim Y, et al. Board interlocks and the diffu sion of disclosure policy [J]. Review of Accounting Studies, 2014, 19 (3): 1086-1119.

[117] Cai Y, Sevilir M. Board connections and M&A transactions [J]. Journal of Financial Economics, 2012, 103 (2): 327-349.

[118] Cashman G D, Gillan S L, Jun C. Going overboard? On busy directors and firm value [J]. Journal of Banking & Finance, 2012, 36 (12): 3248-3259.

[119] Chen H, Chen J Z, Lobo G J, et al. Effects of audit quality on earnings management and cost of equity capital: Evidence from China [J]. Contemporary Accounting Research, 2011, 28 (3): 892-925.

[120] Chen K C W, Chen Z, Wei K C J. Legal protection of investors, corporate governance, and the cost of equity capital [J]. Journal of Corporate Finance, 2009, 15 (3): 273-289.

[121] Cheng C S A, Collins D, Huang H H. Shareholder rights, financial disclosure and the cost of equity capital [J]. Review of Quantitative Finance and Accounting, 2006, 27 (2): 175-204.

[122] Cheng Q, Lee J, Shevlin T. Internal governance and real earnings management [J]. The Accounting Review, 2013, 91 (4): 1051-1085.

[123] Cheng Q, Warfield T D. Equity incentives and earnings management [J]. The Rccounting Review, 2005, 80 (2): 441-476.

[124] Cheung Y L, Chung C W, Tan W, et al. Connected board of directors: A blessing or a curse? [J]. Journal of Banking & Finance, 2013, 37 (8):

3227–3242.

[125] Chikh S, Filbien J Y. Acquisitions and CEO power: Evidence from French networks [J]. Journal of Corporate Finance, 2011, 17 (5): 1221–1236.

[126] Chiu P C, Teoh S H, Tian F. Board interlocks and earnings management contagion [J]. The Accounting Review, 2012, 88 (3): 915–944.

[127] Cohen D A, Dey A, Lys T Z. Real and accrual–based earnings management in the pre–and post–Sarbanes–Oxley periods [J]. The Accounting Review, 2008, 83 (3): 757–787.

[128] Cohen D A, Zarowin P. Accrual–based and real earnings management activities around seasoned equity offerings [J]. Journal of Accounting and Economics, 2010, 50 (1): 2–19.

[129] Debus M. Pre–electoral alliances, coalition rejections, and multiparty governments [M]. Nomos Verlagsgesellschaft mbH & Co. KG, 2007.

[130] Coleman J S, Katz E, Menzel H. Medical innovation: A diffusion study [M]. Bobbs–Merrill Co, 1966.

[131] Core J E, Holthausen R W, Larcker D F. Corporate governance, chief executive officer compensation, and firm performance [J]. Journal of Financial Economics, 1999, 51 (3): 371–406.

[132] Crespí–Cladera R, Pascual–Fuster B. Executive directors' pay, networks and operating performance: The influence of ownership structure [J]. Journal of Accounting and Public Policy, 2015, 34 (2): 175–203.

[133] Davis G F. Agents without principles? The spread of the poison pill through the intercorporate network [J]. Administrative Science Quarterly, 1991 (1): 583–613.

[134] Davis G F, Greve H R. Corporate elite networks and governance changes in the 1980s [J]. American Journal of Sociology, 1997, 103 (1): 1–37.

[135] Davis G F, Yoo M, Baker W E. The small world of the American corporate elite, 1982–2001 [J]. Strategic Organization, 2003, 1 (2): 301–326.

[136] DeAngelo L E. Managerial competition, information costs, and corporate governance: The use of accounting performance measures in proxy contests [J]. Journal of Accounting and Economics, 1988, 10 (1): 3-36.

[137] Dechow P M, Sloan R G. Executive incentives and the horizon problem: An empirical investigation [J]. Journal of Accounting and Economics, 1991, 14 (1): 51-89.

[138] DeFond M L, Jiambalvo J. Debt covenant violation and manipulation of accruals [J]. Journal of Accounting and Economics, 1994, 17 (1-2): 145-176.

[139] Dhaliwal D S, Li O Z, Tsang A, et al. Voluntary nonfinancial disclosure and the cost of equity capital: The initiation of corporate social responsibility reporting [J]. The Accounting Review, 2011, 86 (1): 59-100.

[140] Dhaliwal D, Heitzman S, Zhen Li O. Taxes, leverage, and the cost of equity capital [J]. Journal of Accounting Research, 2006, 44 (4): 691-723.

[141] Dharwadkar R, Harris D G, Shi L, et al. Audit Committee Interlocks and the Contagion of Accrual-Based and Real Earnings Management [J]. Available at SSRN, 2016 (1): 7-14.

[142] Easton, P. D. PE ratios, PEG ratios, and estimating the implied expected rate of return on equity capital. The Accounting Review, 2004, 79 (1): 73-95.

[143] Easton P D, Monahan S J. An evaluation of accounting-based mea sures of expected returns [J]. The Accounting Review, 2005, 80 (2): 501-538.

[144] Ellison G, Fudenberg D. Word-of-mouth communication and social learning [J]. The Quarterly Journal of Economics, 1995 (1): 93-125.

[145] Faccio M. Politically connected firms [J]. The American Economic review, 2006, 96 (1): 369-386.

[146] Faccio M. The characteristics of politically connected firms [J]. Pur-

due University Working Paper, 2007 (1): 4-7.

[147] Faccio M, Masulis R W, McConnell J. Political connections and corporate bailouts [J]. The Journal of Finance, 2006, 61 (6): 2597-2635.

[148] Faleye O. Classified boards, firm value, and managerial entrenchment [J]. Journal of Financial Economics, 2007, 83 (2): 501-529.

[149] Fan J P H, Wong T J, Zhang T. Politically connected CEOs, corporate governance, and Post-IPO performance of China's newly partially privatized firms [J]. Journal of Financial Economics, 2007, 84 (2): 330-357.

[150] Fich E M, Shivdasani A. Are busy boards effective monitors? [J]. The Journal of Finance, 2006, 61 (2): 689-724.

[151] Fich E M, Shivdasani A. Financial fraud, director reputation, and shareholder wealth [J]. Journal of Financial Economics, 2007, 2 (86): 306-336.

[152] Fich E M, Shivdasani A. Are busy boards effective monitors? [J]. The Journal of Finance, 2006, 61 (2): 689-724.

[153] Fich E M, White L J. Why do CEOs reciprocally sit on each other's boards? [J]. Journal of Corporate Finance, 2005, 11 (1): 175-195.

[154] Fracassi C. Corporate finance policies and social networks [J]. Management Science, 2016 (1): 7-14.

[155] Fracassi C, Tate G. External networking and internal firm governance [J]. The Journal of Finance, 2012, 67 (1): 153-194.

[156] Francis J, Nanda D, Olsson P. Voluntary disclosure, earnings quality, and cost of capital[J]. Journal of Accounting Research, 2008, 46 (1): 53-99.

[157] Gebhardt W R, Lee C, Swaminathan B. Toward an implied cost of capital [J]. Journal of Accounting Research, 2001, 39 (1): 135-176.

[158] Gleason C A, Jenkins N T, Johnson W B. The contagion effects of accounting restatements [J]. The Accounting Review, 2008, 83 (1): 83-110.

[159] Goldman E, Rocholl J, So J. Do politically connected boards affect firm value? [J]. Review of Financial Studies, 2009, 22 (6): 2331-2360.

[160] Granovetter M. Economic action and social structure: The problem of embeddedness [J]. American Journal of Sociology, 1985 (1): 481-510.

[161] Granovetter M. The impact of social structure on economic outcomes [J]. The Journal of Economic Perspectives, 2005, 19 (1): 33-50.

[162] Guedj I, Barnea A. CEO compensation and director networks [C]//EFA 2007 Ljubljana Meetings Paper, 2007.

[163] Guedj I, Barnea A. Director networks [C]. EFA 2007 Ljubljana Meetings Paper, 2009.

[164] Guidry F, Leone A J, Rock S. Earnings-based bonus plans and earnings management by business-unit managers [J]. Journal of Accounting and Economics, 1999, 26 (1): 113-142.

[165] Hallock K F. Reciprocally interlocking boards of directors and executive compensation [J]. Journal of Financial and Quantitative Analysis, 1997, 32 (3): 331-344.

[166] Hambrick D C, Mason P A. Upper echelons: The organization as a reflection of its top managers [J]. Academy of Management Review, 1984, 9 (2): 193-206.

[167] Haunschild P R. Interorganizational imitation: The impact of interlocks on corporate acquisition activity [J]. Administrative Science Quarterly, 1993 (1): 564-592.

[168] Haunschild P R, Beckman C M. When do interlocks matter? Alternate sources of information and interlock influence [J]. Administrative Science Quarterly, 1998 (1): 815-844.

[169] Hayn C. The information content of losses [J]. Journal of Accounting and Economics, 1995, 20 (2): 125-153.

[170] Healy P M. The effect of bonus schemes on accounting decisions

[J]. Journal of Accounting and Economics, 1985, 7 (1): 85-107.

[171] Himmelberg C P, Hubbard R G, Love I. Investor protection, ownership, and the cost of capital [J]. World Bank Policy Research Working Paper, 2004 (1): 7-14.

[172] Hirshleifer D A, Teoh S H. Thought and behavior contagion in capital markets [J]. Handbook of Financial Markets: Dynamics and Evolution, 2009 (1): 7-14.

[173] Hirshleifer D, Hong Teoh S. Herd behaviour and cascading in capital markets: A review and synthesis [J]. European Financial Management, 2003, 9 (1): 25-66.

[174] Holthausen R W, Larcker D F, Sloan R G. Annual bonus schemes and the manipulation of earnings [J]. Journal of Accounting and Economics, 1995, 19 (1): 29-74.

[175] Horton J, Millo Y, Serafeim G. Resources or power? Implications of social networks on compensation and firm performance [J]. Journal of Business, Finance and Accounting, 2012, 39 (3): 399-426.

[176] Hwang B H, Kim S. It pays to have friends [J]. Journal of Financial Economics, 2009, 93 (1): 138-158.

[177] Jaggi B, Leung S, Gul F. Family control, board independence and earnings management: Evidence based on Hong Kong firms [J]. Journal of Accounting and Public Policy, 2009, 28 (4): 281-300.

[178] Jones J J. Earnings management during import relief investigations [J]. Journal of Accounting Research, 1991 (1): 193-228.

[179] Kang E, Tan B R. Accounting choices and director interlocks: A social network approach to the voluntary expensing of stock option grants [J]. Journal of Business Finance & Accounting, 2008, 35 (9-10): 1079-1102.

[180] Kedia S, Koh K, Rajgopal S. Evidence on contagion in earnings management [J]. The Accounting Review, 2015, 90 (6): 2337-2373.

[181] Klein A. Audit committee, board of director characteristics, and earnings management [J]. Journal of Accounting and Economics, 2002, 33 (3): 375-400.

[182] Kothari S P, Leone A J, Wasley C E. Performance matched discretionary accrual measures [J]. Journal of Accounting and Economics, 2005, 39 (1): 163-197.

[183] Kramarz F, Thesmar D. Social networks in the boardroom [J]. Journal of the European Economic Association, 2013, 11 (4): 780-807.

[184] Kuhnen C M. Business networks, corporate governance, and contracting in the mutual fund industry [J]. The Journal of Finance, 2009, 64 (5): 2185-2220.

[185] Lambert R, Leuz C, Verrecchia R E. Accounting information, disclosure, and the cost of capital [J]. Journal of Accounting Research, 2007, 45 (2): 385-420.

[186] Larcker D F, Richardson S A, Seary A, et al. Back door links between directors and executive compensation [J]. Working Paper, 2005 (1): 7-14.

[187] Larcker D F, So E C, Wang C C Y. Boardroom centrality and firm performance [J]. Journal of Accounting and Economics, 2013, 55 (2): 225-250.

[188] Lennox C S, Yu J. The role of director and executive interlocks in mitigating uncertainty in auditor hiring decisions [J]. Available at SSRN, 2015 (1): 7-14.

[189] Li S. Does mandatory adoption of international financial reporting standards in the European Union reduce the cost of equity capital? [J]. The Accounting Review, 2010, 85 (2): 607-636.

[190] Lu X, Wang J, Dong D. Busy boards and corporate performance [J]. China Finance Review International, 2013, 3 (2): 203-219.

[191] Mark S. Mizruchi. What do interlocks do? An analysis, critique, and assessment of research on interlocking directorates [J]. Sociology, 1996, 22

(22)：271–298.

[192] McInnis J. Earnings smoothness, average returns, and implied cost of equity capital [J]. The Accounting Review, 2010, 85 (1): 315–341.

[193] Mizruchi M S, Stearns L B. A longitudinal study of the formation of interlocking directorates [J]. Administrative Science Quarterly, 1988 (1): 194–210.

[194] Murphy K J. Incentives, learning, and compensation: A theoretical and empirical investigation of managerial labor contracts [J]. The Rand Journal of Economics, 1986 (1): 59–76.

[195] Murphy K J. Corporate performance and managerial remuneration: An empirical analysis [J]. Journal of Accounting and Economics, 1985, 7 (1): 11–42.

[196] Nguyen B D. Does the Rolodex matter? Corporate elite's small world and the effectiveness of boards of directors [J]. Management Science, 2012, 58 (2): 236–252.

[197] Non M C, Franses P H. Interlocking boards and firm performance: Evidence from a new panel database [J]. Available at SSRN, 2007 (1): 7–14.

[198] Ogneva M, Subramanyam K R, Raghunandan K. Internal control Weakness and cost of equity: Evidence from SOX Section 404 disclosures [J]. The Accounting Review, 2007, 82 (5): 1255–1297.

[199] P. Detecting earnings management [J]. The Accounting Review, 1995 (70)：193–225.

[200] Palmer D, Friedland R, Singh J V. The ties that bind: Organizational and class bases of stability in a corporate interlock network [J]. American Sociological Review, 1986 (1): 781–796.

[201] Peasnell K V, Pope P F, Young S. Board monitoring and earnings management: Do outside directors influence abnormal accruals? [J]. Journal of Business Finance & Accounting, 2005, 32 (7–8)：1311–1346.

[202] Rangan S. Earnings management and the performance of seasoned equity offerings [J]. Journal of Financial Economics, 1998, 50 (1): 101-122.

[203] Roychowdhury S. Earnings management through real activities manipulation [J]. Journal of Accounting and Economics, 2006, 42 (3): 335-370.

[204] Santos R L, da Silveira A M, Barros L A. Board interlocking in Brazil: Directors' participation in multiple companies and its effect on firm value and profitability [J]. Latin American Business Review, 2012, 13 (1): 1-28.

[205] Schmidt B. Costs and benefits of friendly boards during mergers and acquisitions [J]. Journal of Financial Economics, 2015, 117 (2): 424-447.

[206] Schonlau R, Singh P V. Board networks and merger performance [J]. Economics Rearch, 2009 (1): 7-14.

[207] Shivdasani A. Board composition, ownership structure and hostile takeovers [J]. Journal of Accounting and Economics, 1993, 16 (1): 167-198.

[208] Shropshire C. The role of the interlocking director and board receptivity in the diffusion of practices [J]. Academy of Management Review, 2010, 35 (2): 246-264.

[209] Skinner D J, Sloan R G. Earnings surprises, growth expectations, and stock returns or don't let an earnings torpedo sink your portfolio [J]. Review of Accounting Studies, 2002, 7 (2-3): 289-312.

[210] Social capital: Theory and research [M]. Transaction Publishers, 2001.

[211] Subrahmanyam A. Social networks and corporate governance [J]. European Financial Management, 2008, 14 (4): 633-662.

[212] Sweeney A P. Debt-covenant violations and managers' accounting responses [J]. Journal of Accounting and Economics, 1994, 17 (3): 281-308.

[213] Teoh S H, Welch I, Wong T J. Earnings management and the long-run market performance of initial public offerings [J]. The Journal of Finance, 1998, 53 (6): 1935-1974.

[214] Wong L H H, Gygax A F, Wang P. Board interlocking network and the design of executive compensation packages [J]. Social Networks, 2015 (41): 85-100.

[215] Yermack D. Higher market valuation of companies with a small board of directors [J]. Journal of Financial Economics, 1996, 40 (2): 185-211.

[216] Yermack D. Remuneration, retention, and reputation incentives for outside directors [J]. The Journal of Finance, 2004, 59 (5): 2281-2308.

[217] Yu F F. Analyst coverage and earnings management [J]. Journal of Financial Economics, 2008, 88 (2): 245-271.

[218] Zajac E J, Westphal J D. Director reputation, CEO/Board power, and the dynamics of board interlocks [J]. Academy of Management, 1996 (1): 254-258.

后　记

毕业之际，回顾四年时光，有艰辛、有快乐，所有的收获都来之不易。感谢恩师的教诲、同学朋友的帮助、亲人的支持与陪伴。

博士论文能够顺利完成首先感谢我的导师王君彩教授，四年前我非常荣幸地师从王君彩老师攻读博士学位，王老师严谨的治学态度、高尚的品质、豁达的人生观都使我受益终生。在论文的写作过程中，王老师对论文的选题、逻辑结构、论文的修改及最终定稿都倾注了极大的心血与精力。在这里我衷心地感谢王老师对我的悉心指导、无微不至的关怀与帮助。

感谢中央财经大学会计学院的吴溪教授、鲁桂华教授、廖冠民教授、袁淳教授和孙健副教授在博士阶段基础课程中所讲授的专业知识。感谢中期考核以及开题时孟焰教授、吴溪教授、曹强副教授、宋顺林老师对我的指导以及提出的宝贵意见。感谢预答辩时给予我指导的余应敏教授、薄仙慧副教授、王春飞副教授。

感谢同门师兄师姐以及会计博士班的同学们在我论文写作时给予的帮助，感谢好友的鼓励和陪伴，为我单调的博士生活增添了许多色彩。感谢同事对我工作的帮助，让我能够安心地完成博士论文的写作。

感谢我的父母，是他们无私的付出与无限的支持使我能够实现梦想；感谢我的爱人，在我写作论文时给予我贴心的陪伴和理解；感谢我的女儿，带给我灵感和动力；感谢我的妹妹，不时地鼓励我完成论文的写作；感谢我的姨妈和姐姐们，在我时间紧张时给予的帮助。家人的坚持不懈与努力拼搏的精神时刻影响着我，家庭的支持是我实现人生理想的动力。